你就是一切的答案

菩薩送給人間的生命之書

郁文 著

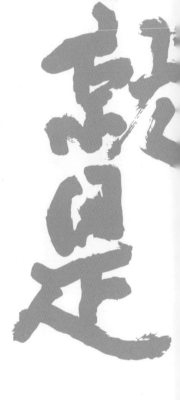

藍鯨出海國際文化

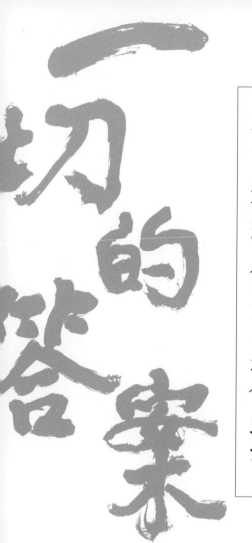

目次

Contents

〈推薦序〉

富有生命力的智慧言語

與郁文相識記得是在兩年前。郁文當時想要為第一本新書舉辦發表會，但苦無合適的場地可以使用，經輾轉得知後，我主動提供了淡水的門市店，供郁文活動使用，我想這一切大概是菩薩的安排吧！

在那一次的因緣裡，郁文如願完成了他和許多人的心靈之旅，而我卻也看到了淡水的門市因此有了靈光似的，致今仍朝氣勃勃，並相映著「天光」的店名。也因為有了那次因緣，讓我可以懷揣著這份珍貴美好，彼此祝福。

當菩薩再次透過郁文寫出這本書時，我總是想，那究竟是什麼樣的一種境地，可以讓人如此無私，如此深刻，於是不免自問，這難道不就是修行的一種展現嗎？

回到此書內容，從剖析東西方靈魂的質性，我看到的是一種冷靜而敏銳的筆法，深刻而不著痕跡；而在提及修行與心靈安定時，又是如此的沉穩，帶給讀者一種平易的溫暖。原來，這不是一本靜靜等候著被人們翻閱的文字而已，而是富有生命力的智慧言語，郁文嘗試透過書寫、敘述、描白……等等方式，來觸動你我的心。

郁文經常說：「這是菩薩要我說的話，只是透過我這個肉身表達出來罷了。」我嘗試把這兩者連結。佛家語「三千世間，皆有佛性」，也許在這一刻裡，我們是那麼接近菩薩道，但念頭一轉，或許又墮入眾生無常了，寫時是菩薩，讀時也是菩薩，闔上書後，就是你我的修行境地了。

以此言爲序，祝福大地眾生。

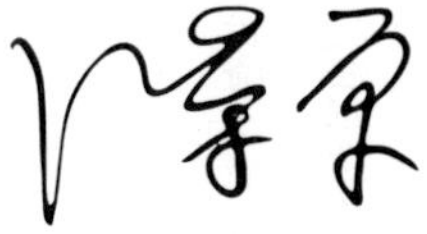

於淡水

〈推薦序〉幫助讀者正視潛能與價值，邁向自己的靈性之路

第一次看到郁文時，曾驚訝於一位剛年滿20歲的青年，擁有如此清朗睿敏的氣息，彷佛歷經世代的淬煉，精化成冰晶般的純粹，沉靜且平和的散發著飽滿的光芒與能量。

再次會面，更驚豔於他獨特的體驗與悟性，在靈學與人生的驗證間，幫助了許許多多的人。我想與其套用傳統宗教那句「功德無量」的讚美，倒不如說他正依照此世所賦予的使命，忠實且堅定的守護在屬於他的軌道上學習、執行。然而，在這軌道上曾經或即將與他結緣的朋友們，包括你和我，或許皆是滄海一粟的火花，在擁抱這珍貴的緣分與禮物之餘，除了謝天，可否曾想過，也許眞正該感謝的，是我們內心的深處自我。

這絕對不是一件容易的事，因爲我們熟悉的「自我」，是種種習性與社會灌溉下的苗，它依傍著自我的原性攀附生長，看似親密，卻可能以我們內心的陰影與恐懼爲養分不斷壯大，終其可能在某種機緣下吞噬兼掩埋了我們的靈性本質，且與我們此世的初衷

使命漸行漸遠。

這一切聽來似乎有些驚悚，卻屢見在我們四周，人世間諸多的怨嘆、歧見、傲慢、欺騙、操控，以至悔恨，許許多多的遺恨，不都是因爲人們與自我靈性面的切割斷絕所導致？少了智慧，多了迷障，自識與無識的苦與惑，就此於人間源源不絕，世代綿延。

這本郁文所著的新書，以親切且明確的觀點理念，深入淺出，提醒我們如何正視自己的潛能與價值。不妄求、不怠惰，讓本質的靈性面與冥冥中更高層次的靈界充分結合，屏除既有的陰影與屏障，抵擋可能的黯黑魔考或負能量，幫助我們以更堅定的智慧勇氣，結合更有效率的行動力，邁向屬於自己的靈性之路。

當然，人生種種的挑戰與課題依舊在前，我們將可能以更圓融與自信的心態跨越，甚至超越，讓此世身心靈進化的歷程更加練達芬芳，或許這正是作者與每一位讀者內在最眞實可實踐的夢想。

香娜
Shenna

〈推薦序〉

為生命找到新的意義

每回，當台灣發生災難，宗教團體和心理諮商團體總會同時出動，進駐災區尋找各種可以提供的協助。

猶記九二一地震那年，許多心理諮商工作者發現，災區現場的慈濟攤位排得滿滿是人，心理諮商攤位卻是乏人問津。多年過去，此類狀況或已改善，大衆的求助模式卻仍提醒我們一項重要的事實：人們縱然需要心理上的專業介入，更需要心靈上的寄託。

我就借用本書作者郁文的話來形容吧：「我們的『靈魂』需要寄託，需要解答，也需要知道此生所爲何來的眞相。」

我是一個學科學的人，看不到、也感應不到靈界的一切。但我對天、對靈性，一向抱著尊敬的信仰，知道生命之道上有許多事物不能只靠「眼見爲憑」。事實上，許多心理學家在晚年都默認了靈魂的存在，榮格甚至說：「那是一條不能與心理學拿來相較而論的未知之道」。因為「未知」，讓我對郁文的「知」感到好奇。他自稱為「菩薩的譯者」，任重而道遠的透過出世的眼光，娓娓道來生命磨難的意義。

是的，我會用「意義」來形容，這就是我閱讀《你就是一切的答案》後的感受。我是一個心理科學的研究者，被教導的是探究人性的「真理」，但郁文筆下的故事卻告訴我們，所信奉的不必然定是真理，凡事苦難卻皆有所「意義」。不管你遇到什麼，找到「意義」，就盼到了放下之道，這是我對郁文書裡所謂「答案」的解讀。

郁文在書裡提到了許多對於「人際關係」、「情感」、「愛」的體會與傳遞，甚至是自我靜心的方法……年輕如他，筆觸卻能如此緩慢而安靜。我想，這就是菩薩所賦予他的使命。

許皓宜　心靈作家

〈推薦序〉猶如一盞泉源和智慧的明燈

現今社會之無明衆生甚多，墜落在五濁惡世，貪戀於酒色財氣，人心陷溺，多失心田，輪迴旋轉，無以回天。紅塵火宅墮落很簡單，但是要脫離卻比登天還難，如果沒有明師，沒有智慧，憑藉著什麼能解脫呢?!如何在虛無縹緲的浮華世界中，看到堅守心靈的一片淨土，獨善其身後，而能兼善天下呢？

這是郁文的第二本書，在靈性道路上的義無反顧，已經變成了他熱愛生命的意義、成就他人的職志。以他二十來歲的年紀，即對生命有了相當深的見地，足可見實爲累世而來之功果，而非他本世單純之體認而已！

現在人們普遍爲身心靈枯竭無援、吶喊無助之際，能由此多出一股清流活水，救人於妙法，非悟道者即看破紅塵世事之修行者；也許我們無法一時窺其堂奧，卻能在追隨其領略人生滋味中發現眞諦，而知其六觸六味皆爲空，無上正道實爲眞！

生命的洪流不會因人的姑息而不動，卻會因人的無知而被動！看到郁文這本來自心靈深處、眞誠心意所撰寫的書，猶如泉源和智慧的明燈，相信一定會讓你在人生的課題裡，保持一片純眞善良與慈悲，在選擇是非善惡之間不會爲無知所苦！雖不用按圖索驥，也不致在人生道路上墜入無間深淵！

期許他能在修行的道路中，引領更多有緣者脫離迷津，讓更多追隨者，遠離愚昧無知的劫難，開展更有自信與價值的人生觀！

願以此序與讀者們共勉之！

慈悲做渡舟，智慧當資糧，持戒是樓梯，布施成習慣，雖知六道苦，火焰化紅蓮！

於台北紅樹林

〈推薦序〉

讓善因不斷的傳播轉換，提昇我們的社會與世界

認識郁文，是在二〇一三年回臺灣度假（我一九七二年移居巴西至今）期間，在一個文藝舞蹈活動中，他送了我他出版的第一本書《神譯者——聆聽菩薩的弦音》。說真的，我被他當時不到二十歲的年紀，卻肩負著如此的重任而深感驚訝。更使我佩服的是年紀輕輕的他，說話輕柔，充滿著包容心與耐心。他的言行舉止是如此的進退有據，那份穩重成熟，似乎和他的年紀不成正比。

在我閱讀他的第二本書時，可以感受到他內心的轉換與提升，而他也很坦誠的與大家分享自己的各種困惑，他在這本書中與讀者分享了更多菩薩的智慧。

整本書中流露著菩薩無限的慈悲，祂完全了解我們每一個人的需求，必且尊重個人的選擇，只要我們願意接納，祂就會出現在我們身邊。這本書使我們理解到，其實「菩薩」並非一個形象，而是一種能量。我們不一定要到廟宇才接觸得到祂，「菩薩」其實

無處不在，只要打開我們的心，經由內在的「愛」來轉換負面的能量，提昇磁場，菩薩將如影隨形陪伴著你我。

書中依據菩薩的指示，人的靈魂可粗分爲十大類，你我各有天命與使命。誠如菩薩所說，一切必須要有毅力與耐心才能長遠走下去，每個人都應該活出自己的特色，生命是掌握在自己的手上，人人可以靠自己的力量與直覺去清除障礙，轉換個人的運勢。

我本身在婦產科工作，每回在迎接新生命誕生時，總是充滿了興奮之情。我常在內心默默祝福來到人間的生命，能夠有著健康的身心，在人生的旅程中愉快的成長、生活，並且充滿勇氣面對各種挑戰。沒有人生下來什麼都會、都懂，但我深信在每一個人的靈魂深處，都藏著自己獨一無二的生命密碼，如果我們能夠認識自己的生命密碼，人生將充滿信心與勇氣！

雖然我已經到了「知天命」的年紀，但請允許年齡帶給我的勇氣，說「成長是一輩子的事」，我們需要不斷的學習，以愛的能量來愛惜、接納自己，之後才能有足夠的力量與更多的人分享。本書作者郁文就是一個非常好的例子。我常稱如他這般年輕的心靈工作者爲「小小的大菩薩」，在人生旅途中，除努力的耕耘自己內在，塑造出一個色彩繽紛的內心花園，並能夠細心聆聽需要者的困惑，一一傳遞著菩薩的慈悲，幫助需要的人將心結鬆綁，使心靈得到紓解，提昇他們的精神層次。

生命本身充滿著能量，等待我們去擁抱它。社會的發展趨勢其實就是我們人類靈魂的展現，想要什麼樣的生活環境及世界，每個人都可以有決定權，哪怕只有一個人持著光，世界就不會完全處於黑暗，更何況在這系統龐大的網路上，一個小小的振動，是可以引起大波浪的！正如郁文在書中提到的：「讓善因不斷的傳播，轉換，提昇我們的社會、世界。」你我都能夠做得到！

於巴西

〈作者序〉

二十一世紀超越末日，靈魂覺醒。

「當末日離去，靈魂開始覺醒，直覺是人生的最佳導航系統。」

我是一名菩薩的譯者

我是郁文，一名菩薩的翻譯員，三年前菩薩交給我問事的任務時，祂告訴我：「士不可以不弘毅，任重而道遠。」

在一切的開頭，菩薩告訴我，走在這條路上必須要有毅力與耐力，才能長遠的走下去，陪伴你的是無數的恩典，你會感恩這一切的發生。

我稱關老爺為菩薩，是因為剛開始接收到祂的訊息時，祂告訴我，關老爺在佛教當中，是南海觀世音菩薩的護法，眾生也稱祂為伽藍菩薩。

對我而言，菩薩是慈母與嚴父的綜合體。雖然為菩薩做事，但我個人向菩薩問事的次數，真的少之又少，大多數的決定與選擇，菩薩都不會插手。因為菩薩從一開始就告訴我，每一個人都要為自己所做的事情承擔結果。為菩薩或是其他高階靈魂傳遞訊息的人（也包含神職人員等），如果把不對的觀念散播出去，必定要承受一般人七倍的處罰。這樣的戒律，讓我知道了工作除了非常神聖之外，對這個社會的影響力更是驚人。

三年前，我只是是個十七歲的男孩，幫別人通靈問事，處理各式各樣的問題。因為不懂人情世故，自視甚高，以為凡事都有菩薩為我撐腰，在與人應對上，不自覺的多了幾分傲氣，認為自己比別人優秀。

當我開始進入密集的問事，出入醫院幫助病人，在鬼門關前看見許多生老病死。這些無常變化，讓我懂得把傲氣收斂，調整自己的心態。

「菩薩」非關宗教，二十一世紀大不同

有人問我：「這到底是道教還是佛教？還是你創立了一個新的宗教？」

很多人對於宗教與靈媒這兩者的關係不甚了解，大多聽到靈媒都會把我們歸類在宗教，在坊間，的確有人會把宗教跟靈媒混為一談。在菩薩眼中，「宗教只是單純的信仰，而宗教團體則是人為的行為。」

菩薩是一股非常強大的正面能量，祂不是宗教，宗教與信仰需要透過相信之後才能得到幫助。菩薩的力量在於緣分，只要有緣，無論相不相信菩薩，祂都能幫助眾生。在菩薩的心靈座談會中，來自四面八方的人，有著不同的信仰，有基督教、佛教、道教……等各式各樣的宗教信仰者，但大家都能聚在一起請教菩薩，最核心的本質就在於緣分。

我們是人，需要學習的很多，如同每一本菩薩的出版品，對我們來說都是一種新的學習。菩薩的座談會與諸多活動，都是經歷過一次又一次的改革與磨練，過程不斷在變化，但本質卻是不變的。

一個初衷，決定了一本書的誕生

「人一生的命運，往往與他過去所做的諸多善惡，息息相關。」

菩薩的存在，是讓需要感化的人，得到力量、支持與溫暖。身心靈產業在現今社會中，猶如湧泉般不斷的流洩出來，各式各樣不同名目的身心課程，令人眼花撩亂。這些老師口中的靈修課程，究竟對人們有沒有實質上的幫助呢？

這些透過精心企畫、強力包裝下的身心課程，菩薩認為首先要了解這個團體當初成立的信念是否依然存在，你再決定是否要參與其中。

善念的初衷，是身心靈團體背後強大的支持力量。進入二十一世紀，各種身心靈團體已逐漸被汰換掉。因為上天不希望每個人依賴在團體裡，人們都應該活出自己的特色，找出自己靈魂的使命，在本書中，菩薩要將更多有深度、有力量的內容，撰寫成文字與大家分享。

在書寫的過程中，菩薩仍然繼續舉辦心靈講座、問事座談會、前世今生的諮詢，這一切是希望每個參與過座談會，接受過菩薩幫助的人，能夠發揮善念，在行有餘力時，幫助更多需要幫助的人。

在菩薩的第一本書當中，提到許多相同的概念，「感恩與珍惜」這份念頭從未消失，菩薩要我做的事情，一直以來也未曾改變。菩薩曾告訴我：

「善念的推廣，在現今越來越困難，人們對於『善』有了誤解，某些人認爲善良是一種柔弱，而在眞實狀態裡，善良其實具有強大的力量。也有越來越多人用繁複的包裝來吸引人們加入各類身心靈團體，因爲太簡單的核心主張，對消費者來說顯得索然無味，於是出現越來越多的需求與課程，要幫助人的初衷也不斷在改變，最後這些經過包裝的課程，本質已經變成強大的利益關係。」

回歸本心，不離初衷，使內心重拾安定，人生旅程有著一份深遠的意義。當你靜下心來看完菩薩所傳達的訊息，不難找到人生的定位。

三元素（靜、淨、敬）思維迎接新世紀

一個新世紀象徵的是一份新的開始。菩薩透過我，要將「三元素思維」藉由書籍出

版，讓大家認識二十一世紀的變化與訊息。

菩薩要大家認知到，命運是掌握在自己手上。以往我們走入廟宇、走進教堂，將一切生活事物透過祈願的方式，請求上天幫忙完成。但在新的世紀中，這樣的事情正在慢慢消失。

從三元素的思維以及六大心靈法則，將使我們學會如何有效的祈禱與眞實的覺醒。

上天的安排一直存在，好人好念自然會有好命，而強調善惡分明、是非黑白等極端的事物，將會逐漸消失。菩薩要我撰寫這本書的目的，就是希望傳播三元素的思維，幫助人們了解自己的天命與靈魂，知道未來的目標，以及這一生會面臨的課題。因爲只要走在對的道路上，就能對自己的未來充滿自信。

什麼是「三元素」？

靜元素

唯有把心靜下來，才有清明的頭腦可供思考，並且透過靜心重新認識自己。

如何重新認識自己的靈魂與此生的目的？菩薩將透過本書讓大家更深入了解自己的靈魂與個性，進而認知在這個新世紀當中，環境透露出的訊息，如何更自在安定的在這個大環境中，可以跟隨直覺的引領前進。

淨元素

許多人在生活中只要感到不順遂，很自然就會把自己的各種窘況怪罪給大環境、政府、父母……等等。在這個章節中，菩薩要給予大家的是透過自己的力量去發現問題，靠自己的力量與直覺的引導，清除障礙轉換個人的運勢。

在此章節，菩薩特別提到關於魔鬼的概念，讓大家認識魔靈的存在，教導人們如何面對這些無形世界所帶來的訊息，以及如何不受到驚嚇。

最後將與大家分享現今熱門的社會議題，預測未來社會的走向。在菩薩眼中，眾生都是平等的，當有越來越多人了解這一點，一切就會越來越好。

敬元素

末日預言中，各式各樣的問題呈現，在新世紀中，菩薩的任務與宗教的核心也完全不同。由於宗教與通靈人士的氾濫，許多問題層出不窮，讓菩薩決定在這個章節當中，教讀者如何清楚的認知與分辨。

在此章節中，最重要的是菩薩給予了改變這個亂世磁場的方法。透過五種方法，可以將自己周遭的磁場轉換，並且讓你在不知不覺中改變這個世界。

愛的累積

這本書是菩薩給予人間的一份禮物，我是菩薩的譯者，感謝一路支持我與幫助過我的每一位朋友。每一本書都是一份愛，每一個文字都讓我們走向愛的道路之中，願你們與我一起體驗這一份恩典。

第一篇

靜化心靈

從個性了解天命

坊間的八字命盤與紫微斗數，據說能了解人一生的命運安排。進入二十一世紀，星宇的變化已慢慢走入嶄新的軌道，命盤的精準度與影響力已經逐漸失準。相對的，自己能夠掌握與改變的部分越來越多。在靜元素當中，我們將了解到靈魂與個性上的呼應，以及未來的生命道路。

靜化心靈分為五章，前兩大章主要分析介紹我們靈魂的屬性，分別敘述了東、西方靈魂的特質。之後進一步了解自己的天命與使命，最後談到二十一世紀當中如何安定身心，走入靈魂的修行。

靈魂的源頭：東、西方靈魂大不同

菩薩說，生活在地球上的人類，分別是從東方的靈界與西方的靈界，經過投胎轉世來到這個世界上。因此來自東方與來自西方的靈魂，有著不同的鮮明個性。

來自東方的靈魂，個性上較會有固定的價值、倫理道德等觀念。來自西方的靈魂，崇尚自由與親身體驗感受，對於西方靈魂來說，東方的價值觀、倫理道德等觀念，對他們來說是一種強烈的框架。

所以在現今社會當中，我們開始正視多元家庭等感情狀態的發生。因爲在這個世紀，人們會走向眞正合一的狀態，東方靈魂與西方靈魂的意識會開始強烈的交流，所有的一切會慢慢回歸到「一」的本質，「分別」會消失，並且走向無條件的愛。

認知五種靈魂本質

在東、西方靈魂當中，菩薩區分爲學習生靈魂、實習生靈魂、教育生靈魂、靈媒靈魂、遊戲靈魂五大類。在這五個形態中，每個人在累世的修行裡，從學習生靈魂開始學習成長，在每個階段可能會重複好幾世的修行與歷練，才會進入到下個階段的修行。

菩薩針對不同靈魂在面對感情及人際關係方面，做了特質的分析，讓讀者能夠從閱讀中找到自己的靈魂本質。菩薩只分析感情與人際關係的特質，是因爲這兩個課題的影響最深遠。

靈魂特質

新世紀中，許多靈魂已漸漸甦醒，來自東方的靈魂在個性上擁有較多的責任感、倫理道德觀念。當你身邊出現富有強烈責任感及倫理道德價值觀的朋友，大多都是東方靈魂。東方的靈魂比西方的靈魂還早開發，因此東方靈魂的智慧與深度，會比西方靈魂還要精進些。

第一章

來自東方的靈魂

一、東方學習生靈魂：一個對萬物好奇，什麼都想學的單純靈魂。

個性特質

在我們周遭的朋友當中，或多或少都會遇見無論到幾歲，都能保持單純好學的人。在他們的生活當中，有許多的事物都會引起強烈的好奇心。喜愛結交朋友，欣賞朋友的優點，好奇心讓他想要了解每個人的興趣，學習各式各樣的才藝。

由於學習生狀態的靈魂，大多是單純乾淨的靈魂，所以菩薩給予的敘述就較少，而越進階的靈魂，分析資料也就越豐富，該經歷的體驗也會次第增加。

感情特質

感情對於學習生靈魂來說，是一輩子的課題，在他們的人生中，每段感情都是一種學習。各式各樣不同的個性與相處模式，在過程當中多少都有痛苦和不好的經驗，但他們的感情就像是在旅行一般。在學習生靈魂的本質當中，內心對於婚姻有憧憬，但菩薩認爲他們並不適合婚姻。

學習生靈魂一生大多會在學習事物中度過，通常過早進入婚姻的學習生靈魂，可能會在婚姻當中扮演不快樂的角色，他們總在許多時刻需要屈就對方。雖然學習生靈魂很喜歡學習，愛交朋友，但他們的內心是屬於有個性的角色，能讓他們進入婚姻最大的關鍵，來自於強烈的衝動。

現今還在情海漂泊的學習生靈魂們，菩薩建議你們要有這樣的認知，你們不適合找比你們年長的伴侶，因爲你們的靈魂喜愛學習，喜愛探險，所以你們適合找比你們年輕的人做爲你們的伴侶，這個理論無論男生或女生都適用。找一個能給你充沛活力與能量的人是最重要的，不過同時要有心理準備，他們也會讓你感受到不安定與不安全感。

學習生靈魂喜愛學習，但是當他遇到挫折及痛苦的課題時，他們通常會選擇放棄。因爲在他們的觀念中，這個世界上有太多可以讓他們學習的事物，他們不想花時間在痛苦及不開心的事件當中。這樣的觀念並無不對，但若想找到適合的婚姻對象以及長久相處的人，最終的考驗就是面對。一個容易讓你沒有安全感的人，經常是對方並沒有出軌或者是不忠的行為，而是自己內心無法面對這份不安全感而選擇放棄這個人。

在蕭蕭的人生路上，便有這樣的特質。他正是我的個案當中，學習生靈魂經典原貌的呈現。

進了療癒室空間，我帶領這位面容清秀、擁有俊俏臉龐的男子做幾次深呼吸。在深呼吸的過程中，我帶領他慢慢覺察自己的心輪，透過觀想讓綠色的光從內在慢慢擴展開來，一開始，蕭蕭完全無法進入狀況，他身體緊繃並且聳著肩。菩薩在過程中，透過深呼吸引導力量到他的心輪，幫助他慢慢放鬆。很神奇的，一開始不自覺聳肩的蕭蕭已慢慢放鬆自己的肩膀，讓自己安定下來。

蕭蕭是個典型的學習生靈魂，在這一趟生命旅程中，他已經歷了很多傷害，他心中有個聲音在說話：「為什麼大家都要這樣對待我，傷害我，我這麼善良，卻無法得到同等的回饋。」我知道蕭蕭是個善良的人，但生命是真實的體驗，而善良並不是可以讓我們不去經歷人生課題的籌碼。

善良是項美德，但如果能有更多的智慧去處理生命裡的課題，那一切就更圓滿了。

人際關係特質

對於學習生靈魂來說，交朋友就像是與生俱來的天賦，完全不費工夫。他身旁的人對他的評價大都充滿正面的讚美，他們單純直接不喜歡拐彎抹角，凡事都會往正面的方向去想，是朋友與人群中的開心果，給予這個世界無比單純的正能量。

如果你有這樣的單純與善良，這在新世紀當中非常難能可貴。萬一你就是這樣的人，請你們記得不要捨棄這樣的特質。在菩薩眼裡，你們就像是一片清澈的湖泊，裡面或許會有一些爛泥巴與垃圾，這些東西就像是生活中曾給予你們傷害、背叛的事物。當你們開始懷疑：「是不是因爲我太笨，才會讓自己受騙，受到傷害？」菩薩要對你們說：「每一個人都會經歷受傷害的過程，你們也不例外。」

學習生靈魂在人際關係當中，最重要的就是要學會慎選朋友，清理給自己負面影響的人。圍繞在他們身旁的人非常多，有著各式各樣特質，有好有壞。學習生靈魂喜愛與人連結交流，透過與人交流感受這個世界的不同，因此如何不被壞朋友影響就是最重要的。

「近朱者赤，近墨者黑。」這是最貼近學習生靈魂的寫照。在菩薩的分析中，許多成功戒毒與戒菸的人，大多都是學習生的靈魂，因爲最初在接觸這些東西時，抱持著好奇嘗試與學習的心態，在吸毒與吸菸當下，追求的是快樂與有趣。當他們了解到這些事物帶給他的是負面影響時，他們戒除的速度比誰都還要快。

菩薩給學習生靈魂的話

你們的生活大多都在學習中度過，每件事情對你而言都有不凡的意義。

或許在你的人生經歷中，曾經遇到給你創傷與負面感受的人，記住這些事件的發生，你們同時也有相對的收穫。你們非常樂觀，「放下」對你們來說並不難，相信你們的靈魂會給你最好的安排。你們的心念具有很強的吸引力，透過你們心念召喚好的力量聚集，同時可以讓不對的人事物遠離你們的生活。

二、東方實習生靈魂：人生中不斷的用自己的專長，創造事業高峰。

個性特質

生命中有許多人都是我們人生中的貴人，來自東方的實習生靈魂，便是許多人生命中的貴人。在他們的人生中，有種堅毅辛苦的特質，他們很認眞努力在過生活，但卻往往是傷得最深的那個人。

（開始寫這篇文章時，菩薩讓我來來回回、刪刪寫寫，停在這篇文章的時間將近兩個月時間。這篇文章到底有多重要？讓我來來回回寫了兩個月？！）

來自東方的實習生靈魂，是我們在現實生活當中最普遍看得到的靈魂形態，他們遍布在各家公司當中，努力工作、付出，努力的想讓家人與自己過得更好。在菩薩的眼中，他們很辛苦很努力，在生活中卻總是扮演一個不快樂的角色，這到底是為什麼？

看見生命的本質與核心

在座談會中，我已習慣與大家談論生命的核心與本質上的問題，而所謂的核心與本質到底是什麼？

我以身心靈產業作爲案例與大家分享。身心靈的核心與本質是幫助自己，以得到安穩平靜的力量，不過如今卻成爲一種無限的消費方式。坊間許多身心靈老師，慣性的去挖掘個案隱藏在心底深處的傷痛經歷，再以他所謂的療癒方式，讓對方感受到溫暖。

在菩薩眼中，這樣的例子每天都在發生。許多人愛上了那種被深深關心，並從中得到療癒的感覺。這段文字中仍有許多討論的空間，菩薩舉了另外的例子。許多按摩師都會告訴你痛則不通，通則不痛的道理，這個道理本身無誤，但是多數的按摩師會用非常大的力道去幫你按摩，剛開始你會痛得哇哇叫，經過一段時間的按摩治療，你會感覺比較不痛了。你可能以爲身體狀況改善了，其實身體狀況並沒有改善，只是你對痛的感知能力降低了。菩薩說這樣對身體來說，反而是另外一種負擔。

我們都會有一個最爲重要的生命目標，而修行與身心靈的核心，就是讓我們回到眞實的自我，幫助自己在走生命道路時，能夠用愛與感恩體驗這個世界，清除對生命傷痛的所有誤解。

療癒需要有適當的清理，與給予力量的過程，但這一切的關鍵都來自於一個人的意願，身心靈工作者需要放下自己「想要幫助別人，成爲別人心中影響力最深」的欲望，眞正的去體會這個人的心，他究竟需要哪些幫助？

生命的本質是愛與善良，而核心的目標是轉化生命的種種難關，看見每一份使你受傷的經歷，都是一份祝福。

被掏空的東方實習生

「在感情當中全心全意的付出，最後只剩被掏空的自己。」

在現代速食感情的生活環境之中，仍然有想要全心全意付出的朋友，實習生的靈魂就是如此。在寫這篇文章時，心中浮現許多朋友的畫面，他們在生活中，無論在精神上或是物質上，總是扮演著付出的角色，直到有天驚覺自己已經為家人掏空生活中的養分，再也無力支撐下去。

座談會當中，有許多這樣特質的朋友，他們大多已經歷過感情、家庭這兩樣生命課題的考驗，沒有順利通過考驗的，通常會傷痕累累的出現在我面前。菩薩告訴我：「有能力付出是一種福分，但付出的一切若已經超越自己的能力而成為負擔，就已失去了付出及善意的本質。」

對這篇文章有共鳴的朋友，菩薩希望透過文字的力量讓大家慢慢的找回自己的本質。付出沒有錯，如何在付出的當下，同時接受好的能量回到自己的身上，不會有被掏空、傷害的感覺，這才是重點！

身心療癒的開始

你可以選擇一個安靜舒適的場所，點上自己所喜愛的香氛，靜下心來深呼吸，用三次深層的呼吸讓自己進入平穩安定狀態之中，好好的問自己的靈魂，你眞的快樂嗎？

在這個寧靜的時刻，若你心中升起了一絲絲的不安，請不要害怕，或是有一點點的遲疑，甚至陸續有負面的情緒產生，請你先好好爲自己鼓鼓掌。因爲在這一刻，你澈底了解自己對於人生與未來有著些許的不安定，甚至現在的生活根本不是你想要的。那麼接下來，只要順應改變，快樂自然就會來到你的生命之中。

看完這一段話，如果你仍然有許多疑問，菩薩要請你將慣用的那隻手放在心窩上，同時告訴自己「請菩薩給予我幸福與溫暖的能量」。你可以小聲的唸出來，不斷的反覆誦唸這一句話，菩薩會在此時給予你最強大的能量，幫助你將被掏空的部分慢慢塡補回來，並且療癒你受傷的心靈。

菩薩要提醒大家：「所有的治療與改善都不能急，越慢越好，能夠眞正的將生活步調放慢速度，才能好好的面對生活課題，看見眼前的挫折。所有的逆境考驗都是上天給我們最大的祝福。」

生活的快樂與悲傷，在生命的本質中，都是一次又一次的祝福！

感情特質

實習生靈魂小時候，不論女孩或男孩，大多都被賦予許多的期待。這個角色很容易讓人聯想到家中排行老大的人身上。

菩薩要我告訴大家，在現今的生活之中，這個觀念已漸漸的改變了。在二十一世紀裡，隨著靈魂的牽動，心理學的概念大多在「輔助」的角度上作爲參考，自己的靈魂若是像實習生的靈魂一樣，他們所背負的就是責任兩個字。

在家中，他們內心深處都希望能被長輩肯定，但越是這樣想，就越得不到肯定，所以他們拚命的付出，希望能從家人的口中得到肯定與讚美。轉換在感情之中，他們總是扮演委曲求全的那一方，在情人面前傻傻的付出，卻只能得到一點點回應。

菩薩說「你們值得更好的對象，擁有更好的感情，得到永恆的幸福。菩薩的話絕非安慰或鼓勵，而是對你們人生的一種保證，實習生靈魂不需要改變本性，只需要更有自信，了解自己的存在其實就是一種祝福。

你能帶給身旁的人一種認眞、勇於付出的力量，在朋友需要時情義相挺，雖然內心比誰都還要害怕未知的改變，但別人需要時，你仍願意勇敢伸出雙手幫助他人，在這冷漠的社會中，猶如注入一股強大的溫暖能量。也因此，在你心灰意冷時，請你相信還有菩薩在你身邊幫你撐著，所以你並不孤單，也無需害怕！

實習生靈魂因爲欠缺自信心，容易吸引到過度自信的朋友，也就是自負的人，他會努力學習這些人，想辦法讓自己也能擁有高度的自信心。

如果實習生靈魂是一位單身女孩，自負的男人看見實習生靈魂，會如同看到寶藏一般，在這種男人口中所有的甜言蜜語，在實習生靈魂聽來都像是聖旨一般，令他們深信不疑。在這樣的關係當中，實習生靈魂往往成爲一位被犧牲的角色，在甜言蜜語之下，極容易成爲無怨無悔的小三或是在家庭中一輩子犧牲奉獻的女人，這樣的故事幾乎每天在我們的生活周遭發生！

在實習生靈魂的心中，只希望得到一點點關懷與幸福，他們不敢要求對方改變，只能默默的承受委屈，自己活在不快樂的世界之中。

人際關係特質

坊間的心靈療癒書籍，教導讀者許多找到自信的方法，針對自信二字有了各式各樣的立論。

在菩薩的觀點中，「自信與愛緊緊相連，當你有愛自然就有信心，找到自己存在的價值。實習生靈魂雖然做著平凡的事情，但已經在社會中產生了不凡的效應。當你決定從今以後做一個勇敢表達自己的人，那麼問題自然就解決了。」

實習生靈魂總是在世界不起眼的角落不斷的努力與付出，他們的工作態度非常認眞，因爲他們的靈魂中本就帶有一份責任，對他們來說工作不只是工作，他們會用對待自己事業的心態去認眞的經營，這樣的想法讓他們在工作職場中有著過人的能力。也因爲認眞的態度，許多時候對於旁邊摸魚偷懶過頭的人，他們會無法認同，因爲他們對於沒有同理心的工作夥伴，實在看不下去。

認眞的工作態度，反而讓身旁那些習慣偷懶的人有藉口繼續偷懶下去。

菩薩要跟實習生靈魂的人說：「既然他們已經跟你是不同世界的人，這些人就應該把他們放下，跟著負面能量的人會讓自己也變得負面，忠於自己的初衷與核心價値，會讓你遇見適合的人。」

自信其實不用找，菩薩說：「只要好好檢視身邊的朋友，誰能給你正面能量，就會發現身旁有著不離不棄的朋友，所以你從來都不孤單，只是沒有認眞去感受與正視這些默默給你力量的人。」

菩薩給實習生靈魂的話

（在寫稿的過程中，我遇到了許多挫折，不知如何落筆，在撰寫此篇文章的過程中，這樣的問題更加嚴重。兩個月前這篇稿子已經完成，只是菩薩遲遲不讓我交稿，文字刪了又改，改了再刪，好不容易定稿，才讓我的心沉靜下來。也有自信可以繼續寫接下來的內容了。）

對於實習生靈魂，菩薩告訴我：「學習生在此生有許多學習的任務，進入實習生的靈魂，則是一個充滿挫折階段的開始。」

這就像我們在學校裡上課所學，到了社會上就業，我們慢慢的從實習開始，卻發現學校教的理論與現實社會的現況，竟然出現明顯的落差與衝突。在實習生階段的靈魂就是將前世所學的東西應用在此生，但過程中卻產生了許多的衝突矛盾。例如，實習生與學習生都有著深信人性本善的觀念，認爲朋友是不會互相傷害的，所以在面對身旁的朋友時，他們都會給予全然的信任，最後發現受傷最重的竟然是自己。

這樣的想法同時會讓他們吸引到同類型，一樣單純善良的朋友。實習生靈魂此生最重要的課題，在於如何運用智慧判斷人性。實習生了解人性之後，他會變得比較快樂，因為在某些壞人身上，他懂得離開與放下，不會重複過去的人生課題。增長智慧的同時，也會一起影響身旁的朋友，因為你成長了，你周圍的人也會跟著成長！

三、東方教育生靈魂：為社會付出善念、做出貢獻，是人生的使命。

個性特質

一生的使命只為做一件對這個世界有意義與影響力的事情，這是形容教育生靈魂最貼切的一句話。菩薩告訴我，這樣的靈魂一生中會經歷許多大風大浪，而這些豐富的經歷會成為他們一生中最重要的養分。

靈魂都有一份本質存在

如果看到這篇文章而產生共鳴，請你們相信，你們就是教育生的靈魂。靈魂會告訴你們，當你全身起雞皮疙瘩時，基本上就是你們的靈魂給你肯定的回答。你們的靈魂來到這個世界有著不同的使命與任務，需要爲這個世界多做一些有能量、有作爲的事情，這和菩薩先前要大家安份守己、做好自己的本分，有著極大的不同。

教育生的靈魂，在成長與歷練的過程當中，會接觸到許多重大事件，例如受到大師級的老師啓發、參與過歷史事件、受到德高望重的老師重視……等等機會，會輕易在他的人生中出現。通常他們有一顆謙卑、受教的心，當他們願意接受，將會有驚人偉大的事蹟由他們產生。

菩薩開辦座談會已三年，曾看過許多在社會上具有影響力的大人物、大師與政治家、老師……等對社會及未來下一代，有著強大影響力的一群人。菩薩特別強調在他們身上有種強烈的氣質，就是對於教育與理念有一股使命感與責任感。

對社會存在一份責任

在二十一世紀這個磁場混亂的環境中，教育生靈魂默默的在這個社會運用他的影響力，將良善的力量與許多重要的資訊傳遞到這個社會當中。

座談會當中，有位長髮飄逸、多愁善感的女孩，就是教育生的靈魂，在與他的談話當中，會讓人感受到在他溫柔的外表下，有一份過人的堅韌個性，在任何人面前很難看到他柔弱的樣子，只會看見永遠亮麗的他。他的家族都是教育生的靈魂，他的父親是一位書法老師，母親在家相夫教子，父母親都是社會運動的推動者，自然而然的，女孩對於社會國家也很有想法，他們有一股強烈的責任感，在社會運動的推動之下，透過付出證明自己存在的力量。

在朋友眼中的他，是個善良開朗的大女孩，樂善好施，對朋友的付出總是大過於朋友對他的付出，但他從來都不在意這些事情，而是認爲能付出就是一種福氣。

在家庭環境當中，教育生靈魂一路的學習與家人相處，他們總是付出的角色，希望家庭變得越來越好，所以常常犧牲自己的權益，讓自己成爲家人眼中的期望，而在這樣的學習環境當中，他們就像一只壓力鍋，因爲家人的期望，學鋼琴，學書法等等，透過滿足家人的期望，讓家人開心。對於別人給的選擇，有著強大的適應力，例如在學書法的過程當中，他會試著愛上書法，最後將書法變成他的興趣與專長，這是教育生靈魂在學習之中的共同心聲。

菩薩眼中的教育生靈魂，總是充滿著無比的福氣與勇氣，因爲無條件的付出，換回的就是上天無盡的祝福。

感情特質

「愛情或許就從第一個擁抱開始，與相愛的人擁抱讓彼此有份依靠安定的力量，透過身體交流證明彼此相愛，讓擁抱成爲彼此相愛的證明。」

教育生靈魂從很小開始就嚮往著美好的愛情。他們可以從現實生活中透過美好的想像，爲自己注入一股全新的活力與能量。

他們是嚮往理想戀愛的典型人格，但是在慣性的理性思考之下，他們對於這樣的嚮往通常只敢放在腦海裡。在教育生靈魂的思維習慣中，他們通常會透過規畫人生選出理想的異性伴侶，但往往在如此精心安排的過程中，他們愛上的絕大多是自由主義的人。

談到教育生靈魂的深層感受，菩薩要說的是：「教育生靈魂最需要的是一份擁抱。早期將自己的存在價值投射在家人眼光之上，長大之後，他們心中對於自我肯定的生存議題，有一份不安全感。他們很害怕失去所擁有的一切，所以他們努力的抓著，努力的經營。」

菩薩分析，因為在教育生靈魂的心中住著一位小公主或小王子，他們可能有些小小的驕傲，或是認為自己與眾不同，這些感受都是典型的教育生靈魂會有的情形。菩薩認為這樣的想法其實無所謂好壞，只是每個人對自己內心世界一塊小天地的想法。

在談感情的過程當中，教育生靈魂擁有一顆理性的腦袋與浪漫的心，看似完美的結合，但在現實生活中，兩者如何拿捏得宜，是一門具有挑戰性的學問與功課。

青少年的青澀愛戀

進入青少年階段，他們會比一般人還要成熟。早期因父母的期望投射，讓他們成為父母完成夢想的替代品。走入國、高中的青少年時期，雖有家人期待，但他們會試著從課業中抽出一點點空間，談場小戀愛，讓自己可以有種重新呼吸的感覺，好好的回到自己的感受。

因爲早熟的緣故，他們往往可以輕易掌握對方的心態，而在感情關係之中，他們總是能夠輕鬆應對。相對的，就對方而言，他們對於教育生靈魂都有一份怨懟存在，他們認爲教育生靈魂有一份很強烈的自私，總是不在乎他們的感受，總是要他們配合。在這段感情的過程中，可以了解早熟的人進入感情關係，教育生靈魂總是勝利者，可以輕鬆掌握感情。

而愛上教育生靈魂的人，往往不是愛上他們理性成熟的外表，而是愛上那一顆小公主或小王子的心，他們想好好保護與珍惜這個住在堅固城堡中的小女孩或小男孩。在這個過程當中，菩薩說：「教育生靈魂往往會忽略原來最了解他們的人，是他們身旁最親近的人。」

人往往都有盲點，教育生靈魂總覺得自己是感情的勝利者，但是在人生道路上，並沒有絕對的勝利或失敗，愛情是由兩個人去共同經營體會的。教育生靈魂在青少年階段，菩薩要提醒的是：「用心體會。」聰明的孩子是用頭腦計算，有智慧的孩子，則是學會用心體會以及珍惜生命的態度。

成熟大人的風華愛戀

「我以爲我很好，我以爲我夠堅強，我以爲你們愛的就是這樣的我，在感情中我總是被選擇的那一方。」

在一起，是兩個人的共同選擇，分手，只需要一方的決定。教育生靈魂很可能在青少年時期沒有學習到彼此互相珍惜的課題，而在長大成人之後，可能會有自負的現象，因爲他從來都不認爲感情關係需要互相體諒，他只想好好的當一個女王或是王子。但這樣的想法，會讓他將好男人或好女人澈底的逼離開他們的生活之中，而自己卻不自知。

他們鎖定的交往對象，往往是年紀較輕的男孩或女孩，而會吸引到他們目光的人，往往是少年有成或事業已經小有成就的人。當教育生靈魂與這樣的伴侶在一起時，往往會遇到對方不願被教育生靈魂控制與擺布，因此習慣當女王與王子的他們，會有一股強烈的挫折感。有了衝突之後，教育生的靈魂開始試著讓自己配合對方，但是在這配合的過程當中，教育生靈魂心中是有很大的怨懟，甚至壓抑著自己的個性。

菩薩看到這樣的情形，提醒教育生靈魂並不適合找比自己年紀小的伴侶，而是適合同年紀或是年紀較大的對方。教育生靈魂應該重新認識自己的本質，內心跟隨小女孩與小男孩，讓公主與王子不要因爲歲月年華，而變成頤指氣使的女王或國王，應當回歸原本的自己。

在我們的生活周遭，或多或少會遇到這樣個性的朋友，他們就是典型的教育生靈魂。而菩薩希望教育生靈魂能夠重新面對自己，找到適合自己的對象，不要困在矛盾的感情課題之中。

人際關係特質

「一個令人記憶猶新，有著強烈成功特質的人。」

人際關係中的教育生靈魂，有著數不清的朋友，社會的高層成功人士，都是他們的好朋友。他們前途、事業一切看好，但是走在成功路上的他們，眞正能成功的關鍵，就是在這些數不清的名流好友中，找到眞正知心而能夠交流內在的朋友。

或許在一般人眼中，認爲能說話交流的朋友，數也數不清，但是在教育生靈魂的人生中，大多出現的不是競爭對手就是事業夥伴，眞正成爲知心好友的，往往一隻手的手指就可以輕易數出來。

看似開朗與敞開心胸的教育生靈魂，因爲早年的成長過程帶給他強烈的不安全感，許多事情都在精心安排之下，但卻缺少一份體驗的心。因此當他走入成年世界之後，才能慢慢去完成與體驗人生，感受愛情的美好。對他們來說，年紀越大越美好，人生越活越年輕，越老越能快樂的體驗生命。

他會是一個得體開朗的人，符合所有人的期待，但他們心中卻築著一道奇高無比的城牆，在與他們的交流過程中，他們是無法輕易卸下心防的。聽起來這是一場很辛苦的過程，但是這些過程在他們的生活中每天都在上演著，在菩薩眼裡，他們眞的太辛苦了。

我好奇的請問菩薩：「一個具有教育責任的靈魂，卻在人生過程中經歷了許多複雜的過程，讓自己成爲一個複雜的人，爲什麼這樣的人卻肩負著教育的使命呢？」

菩薩告訴我：「一個具有教育責任的人，需要學會及經歷很多的課題，唯有眞正學會之後才能夠教導別人。但是在二十一世紀這個混亂的磁場中，許多靈魂容易脫離自己原本的軌道，然後一直重複困在同一個生命課題之中，而這本書出版的意義，就在於讓脫離軌道的人們回到正確的軌道上，走出屬於自己的那條路。」

面對重重心牆的朋友

對於這樣重重心牆的朋友們，菩薩說坊間教大家轉念或是放下等等的方法，千篇一律的出現在我們生活中，一個看似正確的想法卻藏著許多隱憂，當我們每每遇到不好的事情都用放下的態度去面對，我們有爲自己的生活與生命去努力爭取過嗎？

座談會中，我曾遇過許多這樣心牆築得比城堡還要堅固的人，面對這樣的朋友，菩薩有兩種處理方式，第一種是菩薩將他最深層的心裡話說出來。這種一針見血的方式，並不是每一個人都可以接受的，而是給準備好好面對自己人生的朋友用的。另一種方法是站在他的立場，與他討論他的人生觀和對這個社會的想法，往往人的內在都會投射於外在的景象所產生的感觸。但大家會想，他們眞的這麼容易卸下心房嗎？

菩薩要我告訴大家一個觀念：「一個充滿心防的人，彷彿就像全身武裝的人，背著這些厚重的裝備，他們難道不累嗎？他們累，累到無法將這些裝備好好的卸下，如果你是他的好朋友，願意幫他這個忙，上天會給你最大的幫助，協助你和他一起將這些武裝卸除。」

走入二十一世紀，許多事物藏著變數，這些變數會帶來好或壞的結果。以前不能改變的，或許二十一世紀之後有機會可以逆轉改變；也有許多以前不曾發生的事情，走入二十一世紀之後，開始有著不可預測的事件發生。或許大家會有許多的不平衡，當大地的磁場進入一個劇烈變動的時代中，若是能用一顆時時活在當下的心，即可淡然面對。

菩薩給教育生靈魂的話

菩薩在看教育生靈魂，猶如看見自己最親的小孩一般，因爲他們身上背負著許多社會改革的責任，對於下一代的教育責任等等的課題。因爲背負的責任多，所以隨之而來的是多到不能再多的考驗，或許在這些過程當中，心會累、會痛，但是若沒有眞實痛過、走過，怎麼能夠將教育的責任完成呢？

傷痛與挫折是上天給衆生最甜美的祝福。看似矛盾的一句話，但是當你回頭想想，你澈底走過療癒後，你能傳遞的正面能量，比起身心靈老師所喊的心靈口號，更具有力量，因爲你是活生生的見證人，這條艱難的道路你已走了一大段，請不要灰心難過，因爲在這條道路上或許孤獨，但是天上的衆菩薩與福分從來沒有離開過你。

四、東方靈媒靈魂：化解轉換能量，為靈界傳遞訊息，人生考驗層出不窮。

個性特質

「磁場轉換，地殼變動，來自東方的靈界使者，透過人生課題的考驗，轉化人間的負面能量，一切從心出發。」

菩薩用這段話作爲開頭，說明來自東方的靈媒靈魂，有著強烈的直覺力，可以感受到磁場的變化，甚至能預測未來畫面，讀取前世今生的資料，與萬物磁場共振，這些都是屬於靈媒靈魂的強烈特質。

二十一世紀之中，靈媒靈魂的比例逐漸增多，我也是來自東方的靈媒靈魂，我周圍的朋友也有不少屬於這樣的靈魂，他們都有強烈的靈通直覺能力，而且每一個人在辦事的職權與工作內容上，有極大的不同。唯一的共通之處，就是需要轉化負面的能量。

在東方的靈界中，眾菩薩們都承接了許多轉化世界的任務，在二十一世紀的剛開始時，瑪雅預言曾提到二〇一二年的世界末日。和菩薩一起辦座談會至今，菩薩要我慢慢去觀察，末日的意義是什麼？原來「末日」的意義，是提醒我們好好珍惜身邊一切的人事物。但有些人卻利用末日訊息，辦法會或是打著拯救世界的口號，販賣活動與商品，這樣的行爲在菩薩眼裡就是商業行爲，也是造成人心混亂的源頭。

誰能夠傳遞靈界訊息

菩薩告訴我，對祂而言，我雖然具有通靈的體質，但我已是菩薩的譯者，所以其他的訊息，我並不會收到。舉個例子來說，如果我是電子信箱的話，菩薩把我設定成有祂的訊息能明確收到，其餘的信件或是別人轉發的郵件，都會被設定爲垃圾郵件，我並不會收到。菩薩之所以這樣做，是因爲在這個大環境之中，混亂的訊息太多，而以人爲主導的思考更是可怕。

如今具有接收靈界訊息能力的人越來越多，而靈界的訊息會透過直覺傳達給各位，我們的生活中其實時刻都在跟靈界互動。

例如，當我們在思考今天要去訂一家很久都沒有去吃的餐廳，但以往不事先預定是訂不到的。此時你有個直覺，感覺今天晚上就是會在這家餐廳吃飯。打電話過去後，竟然眞的訂到最後一桌。或許你在當下會覺得這是一份巧合與幸運，其實是你的指導靈透過直覺告訴你，這家餐廳還剩下一桌的位子。這樣說起來似乎很玄，但請你仔細想想，有時候你的直覺彷彿是臨門一腳，常常莫名的闖進你原本計畫好的生活中呢！

菩薩說：「所有事物的發生絕對沒有巧合或是意外，生命一切萬物的存在，都有它的意義。」

到底誰是指導靈？

全球七十幾億人口，每一個人都有一位來自靈界派來的靈界指導老師，祂們被統稱爲指導靈。他們在累世的修行之中，雖然經歷過數世累劫的修爲，將人生的挫折與困境轉化爲人生珍貴的養分，進而在離開肉體之後，成爲更高階的靈魂，被靈界的衆菩薩與神尊分配到每個人的身旁，成爲我們人生中的靈性輔導老師。

指導靈與大家溝通的唯一管道，就是我們所擁有的直覺，而這份能力我們平時不會特別重視，但它總在最緊急重要的時刻，給我們的人生注入一股全新的力量，那就是來自指導靈的提示和提醒。

感情特質

從愛情看靈媒

來自東方的靈媒靈魂，從小對於感情、人際關係……等問題，一直是他們最大的考驗，在他們的人生中，許多曲折離奇的事物總會落在他們身上。

舉例來說，許多的靈媒靈魂，幼年可能遭受過同儕排擠、家人分離，或是電視連續劇才有的情節會發生在他的人生中。坊間也有許多對於靈媒角色的描述，像是爲神佛辦事的人一定會有「一缺」，感情、家庭、兒女，肯定三缺一。這種看似恐嚇的文字，對於眞實要爲神佛辦事的人，其實心中會蒙上一層陰影，但菩薩的解釋是要我們去思考一件事情，如果以感情、家庭、兒女這三個條件去審視每一個人，不難發現，這三項能夠兼顧並且圓滿的人其實少之又少，所以不能說每一個靈媒都注定是不幸福的。

我在寫書的過程中同時也跟大家一樣在向菩薩學習，因爲沒有人是天生完美的，我們都在爲自己的人生努力著！

在愛情中的靈媒靈魂，或許在年輕時有成熟的對答或是想法，但這些早熟的想法，都是來自事件的經歷與歷練而來的，相對的在感情之中，他們跟大家都是同樣的，只是他們多了一樣能與靈界朋友溝通的能力。在現實生活中，靈媒靈魂大部分都較沒自信，因爲踏入這個沒人摸得透的領域，也因爲相信的人有限，但這些摸不到的靈界資訊，的的確確出現在他們的生活之中。

從電視上的通靈老師到我們身旁的通靈人士身上，我們發現通靈人知道如何處理別人的問題，但是面對自己的問題與生活時，通靈能力並不是萬能。在菩薩的眼中，你的伴侶是在跟你談戀愛，並不是跟菩薩談戀愛，所以自己的問題還是要自己解決，菩薩不會多說什麼。

當靈媒靈魂成年了，開始邁向社會時，他們會經歷許多未曾經歷的感情考驗，例如，愛錯人、被背叛、閃電結婚又閃電離婚……等等問題。舉辦座談會的這些時間以來，我看到許多有通靈感應的朋友，感情問題往往是他們的罩門。

在身心靈的圈子中，或許通靈會讓人感覺到高人一等，但是你開始去思考，當一位神譯者，平日有很多的工作，例如，一個月舉辦兩場座談會，每天可能接到無數通求助的電話，且這通常發生在深夜時刻、凌晨時分，或是你與朋友相聚之時。正在閱讀這段文字的你能否想像這種沒有自己的生活？也許你慢慢能夠了解，眞正通靈的人對於這個能力並沒有那麼眷戀，因爲在許多時候，我們已犧牲掉很多看不見的東西。

讀完前面這段論述，菩薩要我們思考到，如果眞的有人愛上了這個靈媒靈魂的朋友，他所要面對的就是要接受這些來自上天的安排，此時靈媒靈魂就要更珍惜願意和他相愛的人，如果以最淺顯易懂的方式形容：「與靈媒靈魂結婚的人就如同和職業軍人結婚一般，因爲隨時都有可能接到軍中長官的電話，而沒有眞正的下班或休息時間，靈媒靈魂的人也是如此。」

靈媒靈魂看似是神祕謎樣的人物，但在菩薩的描述之中，他們其實是最普通的一群人，只是多了通靈這個能力。他們有時候有過度單純的問題，在問事的過程中，他們可能是個敏感而體貼的人，但是在生活上，卻可能是一個個性大剌剌、對細節不很在意的人。

愛情，對於靈媒靈魂的最大考驗是，在感情生活中絕對不能把自己的通靈老師架勢擺出來，因爲許多靈媒靈魂的朋友，難免會把通靈這件事放進自己的感情世界，如此一來，會導致與他在一起的人感受到許多壓力與緊張。

很多朋友會好奇，既然他們能與菩薩溝通，爲什麼菩薩不提醒他們呢？

菩薩告訴我：「每個人的問題都需要自己去面對，與通靈無關，感情是自己的，絕對不能用靈界的力量或是自己是一位譯者，去要求對方要絕對的體諒，因爲每一個人都是獨立的個體，沒有絕對的救世主，做善事與通靈都是行有餘力後去做的事情。」

如何好好的談一段屬於自己的感情？

「我」，菩薩在回答這個問題時，只回答這個字，菩薩看靈媒靈魂時一直都抱持著最嚴苛的標準，因爲靈媒靈魂相較於教育生的靈魂還多了一份責任在，就是要將衆菩薩與神尊的訊息，正確無誤的傳達給人群，讓這些正能量的訊息好好的在社會中發酵。

愛情無關年紀與身分、地位，菩薩所談到的「我」這一個字，就是希望每一個靈媒靈魂的人，可以好好的認識自己，好好的看看自己，做好自己所要做的，當願意回歸到自己的時候，你已經走在「談好一段感情」的第一步之上了。

相較於其他的靈魂，靈媒靈魂在感情上絕對比初階班的學生更初階，但不免有許多靈媒靈魂的人，會將自己塑造成一位萬人迷的樣子。但菩薩其實很不樂見，或許在過程之中，可以找到一位完美的伴侶，但若沒有用心去感受對方與調整自己的缺點，最後換來的絕對是一場空。

靈媒靈魂有一股單純善良的本質存在，菩薩認爲只要好好的做自己，做一個簡單的人，感情自然就會出現。在靈媒靈魂身上或許不會有太多多餘的感情，除非是自己想要去經歷，不然在感情這條路上，靈媒靈魂要走得平穩順暢，其實不難。

人際關係特質

靈媒靈魂在面對自己人際關係上，其實會有一個非常大的分水嶺。菩薩告訴我，上天絕對不會讓太多複雜的人出現在靈媒靈魂身旁太久，因爲越久被污染的機率越高，所以在某些時候，靈媒靈魂就會常常處在一個「在夢中清醒」的場景，並了解到本來以爲最要好的人，其實才是最有問題、最有目的人。這在其他人身上，很可能一輩子都不會醒來去認識到這個人的本質，可是在靈媒靈魂的身上，就會如此眞實的上演著，因爲爲上天做事的人需要清醒的頭腦。

在靈媒靈魂身旁的人總是來來去去，因爲在過程之中，他們也在學習如何找到適合自己的朋友。菩薩建議，適合靈媒靈魂的朋友只有內心單純的人，因爲社會化越嚴重或是已經淪爲謊言奴隸的人，或許有著亮麗的外表，但內在已經殘破不堪了，在眞心交流的過程中，這些過度社會化的人可能會選擇保護自己而傷害你。

在二十一世紀這個混亂的磁場中，有某些已經被污染或是過度社會化的靈媒靈魂，他們將會面對到一件最大的課題，不是沒有人來問事或是失去通靈的能力，而是在感情問題中大夢驚醒。因爲他們在感情的範疇中屬於新生，唯有面對愛情與家庭這兩個最基本的關鍵點，才可能讓他們逐漸發覺自己的問題。有些人發現了問題卻不願意改變，菩薩說，當這個人選擇沉淪時，沒有人可以幫助得了他。

願意走淨化的道路，無論受到任何污染，只要願意，一切都會變得更加深刻。我在走靈性道路時，曾走到數度迷惘的階段，但這一路上所發生的風風雨雨，即使走錯路了，菩薩仍然透過愛，讓我明白眞正的道路在哪裡。我曾經認爲我可以踏對每一步路，但在寫這本書的同時，我深刻的感知到，人生這一條路就是要不斷的體驗嘗試，走過了，才會明白一切都是有意義的。我發願到各個監獄演講，也是從這裡開始，沒有一個人不會犯錯，如果他們已經爲錯誤承擔了罪責，那麼我願意給予接納的力量讓他們重獲新生，促使他們也能付出善的力量以回饋社會。

菩薩所談到人際關係的重要分水嶺，就在於領悟到自己需要通靈辦事的那一刻，或是已經了解自己通靈的這件事實，此時上天會給予你許多的能量，去幫你清理、淨化身旁需要離開的人。許多靈媒靈魂的人此時會感到害怕，認爲通靈之後將失去許多朋友，但在現實生活中，其實這些離開的人就是不適合你的人。

菩薩給東方靈媒靈魂的話

來自東方的靈媒靈魂，在這一世擔任了許多重要的職務，要幫衆生化解關於因果的問題、扮演與靈魂溝通者的角色。

在這些靈界事務之外，最重要的就是好好的過好自己的生活，因爲上天給你這麼多的任務，相對的，調適好自己與好好珍惜周圍的人事物將更爲重要。了解因果存在，所以更知道身旁的人事物出現的原因，「珍惜」與「保持單純」是靈媒靈魂一輩子的功課，因爲在這條路上誘惑太多，路陡難走，但若一步一步慢慢來，還是走得完的！

五、東方遊戲靈魂：體驗人生，從穩定的生活中，用樂觀心情體驗人生百態。

個性特質

菩薩曾說過：「眞正的了悟，是在我們離開人世，對這個世界澈底告別之後，迎向全新的靈魂之旅開始。」

菩薩講這句話的前提是，你在生活與靈性修行的部分，下了很大的功夫去了悟，當你一切已經修得圓滿之時，眞正的了悟就是在你離開人世之後，不再眷戀肉身。在累世的輪迴轉世之中，我們都有著不同的生命體驗，從親情、感情、友情之中，成長學習進而改變累世不好的習氣。

在來自東方遊戲靈魂的價值觀中，你會發現，面對生活，他們有種從容不迫、淡然輕鬆的態度，這是與東方學習生靈魂身上所有的共同點。來自東方的遊戲靈魂，他們所從事的行業、工作，甚至是興趣，大多都是較爲冷門，容易走入固步自封狀態的職務。

這一生的任務就是好好玩一場

這幾年來座談會的人數大約都控制在數十人之內，菩薩的目的是希望在較少的人數之中，能夠一一幫助到所有在場的朋友，會場內也有不少來自東方遊戲靈魂的人前來諮詢。曾有一位朋友在座談會結束之後私下問我，他覺得自己想要問的問題很奇怪，所以不敢在會場上與大家分享。

遊戲靈魂的人想問菩薩的問題都較爲特別。例如：「我想問菩薩爲什麼我總是在跟一個人成爲男女朋友之後，我就突然不愛他了，可是我並沒有愛上其他人，他也沒有做出令我傷心難過的事情，但感覺每次談戀愛好像都有這個問題。」

某些讀者或許會想，怎麼會有這麼特別的問題，這在一般人身上幾乎不會發生。如果現在正在閱讀文章的你，認爲這樣的問題很正常且習慣發生的，那麼不要懷疑，你就是來自東方的遊戲靈魂。

面對這個問題，菩薩回答：「你這一生的任務就是要好好體驗人生，你會經歷許多不同的情感變化，感情是要用經營的心態去面對，不能只想著體驗感情的美好，卻忘了經營的重要。」

來自東方的遊戲靈魂，常會單純只享受感情的美好，忘了自己也要付出，並經營、面對自己的生活與周遭的人事物，因爲他們靈魂本身就是來享受體驗人生的。

東方遊戲靈魂，有的在過去的生活中經歷過許多挫折，例如：家人的背叛、感情出軌、自己本身是同性戀等等狀態。

從上述的文字中，大家多少可以感受到，遊戲靈魂在我們的生活中，就是一個典型的怪咖，他們也樂於接受這樣的稱號，因爲他們知道自己的個性有許多奇怪的規則與地雷存在，無意間就會把自己看得太重要，忽略了自己所說的話或是所做的行爲，甚至傷害了周圍重要的朋友與親人。

來自於東方的遊戲靈魂，菩薩建議可以多接觸身心靈的課程，因爲從課程中，可以學習到許多關於如何傾聽他人的想法、如何將自己想法善意傳達出來的技巧。大家可能曾經遇過某些朋友總是活在自己的狀態中，常常說一些大家聽不懂的話，或是個性上有一份強烈的偏執，他們極有可能是東方遊戲靈魂之人。

怎麼與東方遊戲靈魂相處？

在我們身旁或多或少會遇到這種怪咖型朋友，在我的身邊也有不少這樣的朋友，在相處上一開始會有很大的困擾，因爲我無法了解他的地雷在哪裡？不知道他們心裡眞正的想法？雖然不知道如何和他們相處、溝通，但在他們身上卻有著一份單純的本質，這對我來說，他們雖然怪，但因爲簡單、單純，所以跟他們做朋友反而是一件純粹的事情，跟他們相處的時光總是輕鬆度過。

大家可能會好奇，爲何會有「怎麼與東方遊戲靈魂相處？」的這個問題，而在其他的靈魂特質中並沒有這個段落。主要是因爲東方遊戲靈魂的人完全沉浸在自己的世界中，這就好比許多人將長期生活在臺北的人稱爲是天龍國的天龍人一般。

這件事情在本質上並沒有對或錯，在他們的觀念中有一些特別的觀點，所以他們完全是跟隨直覺在做事情，他們或許沒有神鬼論，但是卻深信自己的直覺，以此去決定他們的人生。

我與遊戲靈魂相處時，菩薩告訴我：「郁文，與他們相處是一件幸福的事情，因為在他們身上發生的故事，彷彿是一本充滿能量的小說，學會傾聽，你會獲得許多生命的經驗。他們也需要朋友給他們正面能量的鼓勵。因爲活在自己的世界雖然快樂，但也孤獨，生而爲人一定有喜怒哀樂的情緒，只要是人就會有低潮，而某些遊戲靈魂的朋友，很可能在過程中會有自殺的問題產生。」

許多優秀的演藝人員都有這樣的特色，菩薩爲大家舉一位典型東方遊戲靈魂的例子：張國榮先生。張國榮是一位演藝人員，他努力的體驗人生，感受人世的酸甜苦辣，誠如菩薩所言，張國榮先生最後也困在低潮情緒中無法自拔。大家或許會想，當時有這麼多愛他的人，他難道不知道自殺無法解決問題？

菩薩告訴我，每個人都有缺點與盲點，在東方遊戲靈魂身上的盲點，就是面對低潮時，會瞬間忘了身旁所有人，把一切壓力都承攬在自己身上，但其他時候，他們只是一個單純的大女孩或是大男孩，樂於分享傳送正面能量給周圍的人，雖然他們個性特別，有著奇特的怪僻或性格，但是他們無論活到幾歲都依然是純眞可愛的人。

感情特質

在寫書的過程中，我對這篇遊戲靈魂感觸頗深，我爲菩薩開始辦事之後，陸續遇到許多我這個年紀不會遇到的事情，提早接觸到這個社會。每天都會有各式各樣的問事民衆出現，我聽過的故事千百種，而在這些經驗中，我試著扮演好原本屬於我這個年紀所要呈現的樣子。分段和我同樣年紀的學生，或許正在大學努力唸書，努力玩耍，過著自由自在的日子，而在我的身上，卻多了幫菩薩做事的任務，這樣的機會是獨特的，或許大家在玩的時間，我在幫助別人處理問題，可能在問事，或是在辦法會等等，多了一個當菩薩翻譯者的角色。

像遊戲靈魂這種個性的人，因爲長期活在自己的世界裡，所以沒有什麼心機。雖然怪，但他們有一顆單純的心，我也因爲看到太多成人世界複雜的問題之後，選擇與簡單的人交朋友。

來自東方的遊戲靈魂，在青少年時期，生活上經常處在自我對話的狀態，這種感覺很特別。我們可以在電影中看到某些主角出現時，總會有個旁白敘述他當下的心境，遊戲靈魂其實就有這樣典型的狀況。

如何好好的愛

我在諮詢的過程中，曾與遊戲靈魂的人談到關於「愛」這個生命課題，容我截取其中談話的內容與大家分享。

遊戲靈魂：「從小到大雖然有在一起的伴侶，但在分分合合的過程中，我不知道愛到底是什麼。是一種感覺？還是一種腦內的化學反應？到現在我也搞不清楚，甚至我也在懷疑我的愛情到底有沒有未來？」

我：「愛，是一個特別的東西！它可以同時是名詞、動詞，也可以成爲一個形容詞，我在與菩薩相處的這段時間，菩薩告訴我，愛就像是水一般的能量，水看起來平淡無味，但沒有了它卻也活不下去。愛也是這樣的道理，它是我們的生活必需品，流動在我們的生命之間。」

遊戲靈魂：「誠如你所言，如果愛就像是水一樣的東西，但這樣的形容並沒有眞正解決我心中的疑問，我眞正想知道的是，我的愛情到底有沒有未來？」

我：「我們雖然有著人的軀殼，看似在面前站著的這個人似乎是你一輩子的眞愛，但請你冷靜想想，你愛他的什麼？」

遊戲靈魂：「我愛的是這個人的全部。」

我：「你的回答跟其他人幾乎一樣。在某些層面，我們看來是愛他的全部，但是共同生活之後，發現眼前這個人的生活習慣等等問題，讓你們產生了爭吵，所以你愛的眞的是他的全部嗎？」

遊戲靈魂：「你說的的確是一個問題，但我們繞回原本的議題，我想了解的是，爲什麼對於愛，我會有一種不確定感，甚至不敢相信我的愛情會有未來，難道因爲我是同性戀，我的愛情就不被祝福嗎？」

我：「其實我們從頭到尾都在解決你心中的問題，所有的話題都沒有偏離，靜下來想想，愛就如水一般，它像你生活的必需品。菩薩在我們交談時告訴我，你心中期望的愛情比較像是飲料，喝入口是有味道的，有著各式各樣的添加物在其中，但是在現實人生中，需要的其實仍是那一杯水。」

菩薩說：「愛，其實就像是水一般，當你大口狂飲，只是解決你口渴的欲望。當你學會小口慢喝，便能感受到水裡隱藏著甘甜，愛便是如此。愛是每一個人生來就擁有的能力，父母對你付出的愛，朋友及情人之間的付出關懷都是愛，能好好的感受彼此，便能將愛的力量轉化成幸福。」

菩薩說：「你現在有幾位曖昧的對象，如果你想要好好確認他們是否爲你的眞命天子，你可以試著觀察他們的五官。當你專注的在觀察這些人時，你會在其中找到一位讓你心跳加速的人，此時你的直覺會告訴你，誰才是你的眞命天子。」

遊戲靈魂：「謝謝菩薩這麼有耐心，仔細的回應我每一個思考邏輯，讓我重新了解愛及愛的定義，我會試著用菩薩的方法去找尋我的幸福。」

我在每次的問事過程中，也同步與諮詢者共同成長，上述的例子是每個遊戲靈魂都會面對到的問題，因爲長期沉浸在自己的世界中，忽略了愛是雙向的互動感受，當愛可以在兩人的互動中流動，便能產生無限的幸福。

人際關係特質

「感恩珍惜，感受人間變化。」

來自東方的遊戲靈魂，擁有一顆自由的心，想要隨心所欲感受人世間的變化，不在乎別人對他的看法，甚至某些時候有著反社會性的人格，而過度自我經常是他們的個人特色，有時這個特色也可能成爲傷害他人的利刃。

「說者無心，聽者有意。」我們到底該不該做一個人人稱讚、外在品德優良、說話客氣有禮貌的人？

這個可能困擾著我們的問題，在遊戲靈魂心中從來就不存在。在他們的心中，只在意如何把自己的想法表達出來，絕對不做一個違背自己意願的人，這就是他們的本性。所以在現今的大環境中，他們常常被人稱作沒有禮貌、不懂人情世故的人。仔細留意，您身邊或許就有這樣的朋友，能夠體會菩薩所說這類靈魂的人的性格表現。

遊戲靈魂的朋友其實就是典型「對人不對事」的朋友，他們在某些時候會讓人感到幼稚。例如，我曾遇到有人放在冰箱的優酪乳被喝了，找不到偷喝的人，因此氣得大發雷霆，把身旁的人搞得人仰馬翻的案例。甚至在所有人面前說出：「你們不知道我是誰嗎？我敢把優酪乳放在冰箱就不怕別人喝，敢喝我優酪乳的人，我們走著瞧。」

在某些狀況中，遊戲靈魂的人會有說錯話，或是過度把自己看得太重要的現象。在這個案例中，菩薩告訴我：「如果優酪乳不想被喝，只要在瓶身寫上自己的名字，這樣就不會有人拿去喝，而懂得分享給需要的人，也是一種福分。」

在這個案例裡其實不難看見，遊戲靈魂在說話時，忘了自己說的話是要負責任的，過於自負的話，極有可能會讓自己陷入盲目的深淵。

做人或許難，學會感恩就不難

生活中，我們或許無法做一個德行、品德兼具的人，那我們究竟應該做自己？還是成爲他人期望中的人呢？這些矛盾時時在我們心中徘徊不去。

菩薩說：「做人或許難，但學會感恩之後就不難，你無需做一個別人期望中的你，但你需要學會感恩。當你學會感恩，對得起天、對得起地、對得起自己，其餘就是人世間的因緣變化了，無需強求。」

菩薩這一席話解開我長久的疑問。在生命的每個階段，隨著角色的不同，生活也變得不一樣，以前是單純的學生，後來多了神譯者的角色。在辦事的過程中不能摻雜自己的情緒，久而久之，身邊的朋友也認爲我爲菩薩辦事，應該要二十四小時爲衆生服務，開始會對我用要求的態度。

剛開始雖然覺得不舒服，但還是接受了請求，後來發現問題越來越嚴重，聽了菩薩這一席話，我決定把生活的主控權拿回來，開始律定規則，在座談會之外的時間不問事，除非有緊急的事務才接受諮詢。有些人仍試圖打破此規則，但誠如菩薩所言，這些人或許有更適合的老師人選可以幫助他們，但不是菩薩。

希望在遊戲靈魂閱讀本文之後，能夠找到自己的生活方式，用菩薩的話來實行，你將會發現生命變得不一樣，會有更多適合你的人出現在你的身旁。

菩薩給東方遊戲靈魂的話

學會珍惜不難，只需要一份用心生活的態度而已！

第二章

來自西方的靈魂

在我們生活中總會有些明明是東方臉孔，卻有著強烈西方思想的人物出現，這可能與教育、環境有些關聯，因爲我們的靈魂會安排適合我們的一切，所以任何事物發生都有它存在的原因。

西方的靈魂，在他們的身上有種自由的力量，你可以感受到跟他們相處在一起會有種忘憂的感覺，因爲他們懂得如何將生活壓力歸納好，不會杞人憂天。

快樂對西方靈魂來說，是與生俱來的能力。

一、西方學習生靈魂：有敏銳的直覺，喜愛專注在單一事物上，深入學習。

個性特質

菩薩告訴我西方學習生靈魂有種純粹、乾淨的力量，東方的靈魂因爲學習內容多，接觸廣泛，容易讓自己深陷複雜的情境。而來自西方的靈魂因爲單一純粹，所以很多西方靈魂來到這一世的任務，就會較爲專一，許多人會看到他們一路順遂，得到他們所想要的位子，發光發熱。

來自西方的學習生靈魂有著敏銳的直覺，對於身旁的事物感知能力很強，他們知道做哪些事情對自己有幫助，所以在他們小時候，身旁的朋友會發現他們不太需要認眞讀書，只要在課堂上聽聽課，就能有好成績與很好的表現。這樣的孩子通常在原生家庭中有較好的經濟資源，有家人的支持，所以在朋友關係當中，他們難免會有種特殊的優越感。

這樣的優越感可能會因爲家人的教導、學校的教育而有改變與轉化。但是在他們身上，天生有一股來自西洋的貴族氣息，這是無法用教導輕易抹掉的，這也是來自西方學習生靈魂最大的特點。這樣的人通常會聚集在某些貴族學校，而在一般的學校環境之中，他們的人際關係很容易出現問題，因爲這樣的貴族氣質會招人嫉妒，易受到孤立。

我在過去諮詢的案例中遇過這樣靈魂特質的小朋友，大人需要特別為他選擇適合他的學校環境。因為這樣的孩子很容易在幼年時期經歷霸陵的傷害，而童年的恐懼極有可能影響他未來發展，甚至有走偏的可能。

在諮詢的過程中，發現西方學習生靈魂會有部分投胎到財力狀況不錯的家庭。有人在成長的過程中因家中支出過大，無法長期擁有良好的經濟資源。遇到這樣的狀況，我會請求菩薩為他安排至公立的小學，並找到適合他的老師。

我有很強烈的感覺，認為父母其實就是西方學習生靈魂的貴人，因為影響他們最大的部分就是在他們的幼年時期，如果照顧得宜，他們未來很有可能成為一位優秀的老師、烘焙師傅、設計師等，舉一個現實生活中的例子，知名設計師吳季剛就是典型的西方學習生靈魂。

吳季剛幼年時就與其他同學的興趣完全不同，別的男孩喜歡玩無敵鐵金剛，偏偏他就是喜歡玩芭比娃娃。這樣的喜好與表現，對於一般台灣家庭來說是完全不能接受的。因為在我們的傳統刻板印象中，男孩子應該喜歡玩無敵鐵金剛、模型汽車，女孩子才喜歡玩洋娃娃。但這樣的傳統思想並沒有綑綁住吳季剛的爸媽，他們選擇用尊重的方式去看待這個孩子的發展，沒有以「不准」來回應兒子的興趣，也因此造就出一位世界級的服裝設計師。

所有的西方學習生靈魂，從小就知道自己長大之後的角色定位，所以從小他就會有強烈的意志去選擇他所想要的一切，並培養他們生命之中所需要的養分，從吳季剛的例子就可以清楚的了解。

感情特質

「浪漫的戀愛，無論距離多麼遙遠都能愛相隨。」

在西方學習生靈魂身上，遠距離戀愛成為他們戀愛的一種獨特模式，他們無法忍受情人長期待在身旁，無時無刻黏在一起的窒息感，這種感覺對他們來說實在太難受了。在我諮詢過的個案中也有某些朋友例外，但在深談之後才發現，他們的對象大多是能給予對方很多自由的人，在家裡可以各做各的事情，彼此尊重讓愛情恆久保溫。

成熟的戀愛，這樣的戀愛性質對一般人來說實在太困難，但是在他們身上，生活與戀愛是可以同時進行。他們的戀愛雖然平淡無奇，但是這種平淡的幸福會帶給他們強烈的安全感。

儘管他們的生活平淡無奇，但是西方學習生靈魂對於節日非常重視，尤其在情人節與聖誕節這兩個大節日。他們需要大肆的慶祝，這與他們的累世經驗有著強烈的關聯，他們雖然平常可以各過各的生活，但在這兩個節日中，他們渴望溫馨充滿愛的感受。所以吃燭光晚餐、交換禮物，是絕對要做的事情。

菩薩在敘述他們的生活形態時，曾有一些西方學習生靈魂卻完全不重視情人節、聖誕節的例子，菩薩要我問他們：「是否生活中會出現無動力，或是對生命毫無熱忱的情況產生？」

這些朋友竟然都異口同聲的回答：「是的。」

菩薩要我提醒他們，這些節日對西方靈魂來說非常重要，這些日子對他們而言是重要的能量補充，因爲每一個節日都象徵著一份來自上天的祝福，所以能夠好好的慶祝，對他們而言就是好的能量祝福，這個道理就如東方人在過年時要發紅包的習俗是一樣的（沾喜氣），節日的慶祝活動對他們來說就是一種祝福。

走在適合自己的人生道路上，其實人生就會順遂。菩薩告訴我，在對的時間做對的事情，是最重要的一件事。我們可以從過往的經驗中發現，當我們錯過某些時刻或人事物時，可能當時已經產生了遺憾。我與菩薩工作三年多以來，認爲在每個當下都需要跟隨直覺並用心感受，這樣生命才不會有後悔與遺憾。

人際關係特質

我有幾個西方學習生靈魂的朋友，跟他們互動充滿著隨性與知性。我們可以相約一起到咖啡館，一起看書寫日記，將互相的心情筆記交換，做著簡單的事情，度過一個輕鬆的午後。我認爲生活需要有品質，追尋自己所想要的一切，努力的生活與體驗，比什麼都還要重要。

西方學習生靈魂有一股強烈的自我意志與獨立思考，所以跟他們相處，會有聽不完的故事，他們好比一位小小哲學家，對於生命與生活有著獨特的看法。他們對人際關係並沒有特定相處的模式，他們用直覺選擇朋友，用一種輕鬆的態度去互動，他們完全依靠直覺決定這個人適合交往到哪種程度，所以你會發現，在他身旁的朋友類型都差不多。

走入工作職場之後，你會發現他只跟某些人有說有笑，是個完全開朗的人。但是在面對不喜歡的人時，他會選擇不理會的態度，如此的待人態度會造成別人對他印象不佳，但他們完全不在乎。因爲他們只想好好生活在自己的生活圈內，對於外面的花花世界，他們完全沒有興趣參與及了解。

簡單俐落的生活態度，讓他們的生活可能以有規律的形式出現，但在人際關係的問題排解上，他們用的方式往往會傷害到愛他們的朋友。菩薩希望如果你是西方學習生靈魂，可以多去感受他人的想法，給自己與他人一次機會，除非你想要一直流失你生命之中的貴人。

處理生命的課題需要彈性，簡單俐落的處理方式往往無法眞正解決問題，因爲人是有感情的，無法用一把剪刀澈底切斷無形的感情糾葛。

菩薩給西方學習生靈魂的話

能夠感受與愛人是一種無限的幸福，輕鬆隨性的生活方式，可以運用在處理生活課題上，面對越棘手的問題應該要越輕鬆。

二、西方實習生靈魂

個性特質

「從事研究，與大量醫學與生物科技，喜歡專注一人。」

在現今社會中，醫學已經成爲我們生活的一部分。這麼說是因爲菩薩看見許多人過度依賴醫學，而忘記每個人的身體都有自我療癒的機制。例如感冒其實至今無藥可醫，生病找醫生時，醫生給你的都是阻斷性的治療。發燒時開給你退燒藥、喉嚨痛給止痛藥、咳嗽給止咳劑等。感冒從來就不是一種症狀，最後醫好感冒的人其實是你自己的身體。我們的身體有著超越現代醫學科技的自我療癒系統，這樣的觀點，無論東西方的醫學界都已經證實。

談到這個課題，是因爲西方實習生靈魂大多是現今優秀的醫生，他們致力於研究關於疾病的產生以及如何對抗疾病。這篇文章最重要的是讓閱讀到此文的家長，觀察自己的孩子是否爲這樣的靈魂個性，如果確認，之後可以參考菩薩的方法，讓他們走在正確的路上，未來幫助需要幫助的人。

世界末日的訊息頻傳，但是上天一直讓更多優秀的靈魂投胎到這個世間，讓這個世界的環境問題、人心問題、靈學問題、健康問題得到好的解決方式。

談到西方實習生靈魂，他們在面對工作時總是孤獨一人，他們身上充滿著正面能量，幫助了許多朋友。我曾遇到一位醫師，他就是典型的西方實習生靈魂，他擁有很強烈的直覺能力，彷彿上天會指導他如何診治病人一般，他順從直覺與醫師的專業，醫治了許多不可能醫治的病患。或許大家會覺得很誇張，但我之所以會這麼形容，是因爲醫師本身的診斷就是病人痊癒的關鍵，下錯決定就可能奪走一位病人的性命，醫師這個行業並不是人人可以做的。

有許多認眞讀書的學生，可是始終考不上醫師執照，或是考上醫師執照後，一直無法擔任要職，只能治療一般的小病症。這些運勢的低落，最大的原因就是他們可能走錯路，或是沒有順從自己的直覺去發展，才會讓自己產生不好的運勢。

也有某些順從天命的醫師成爲主治醫師之後，因爲權力而迷失自我，收取不該收取的錢財，上天就將他們的天賦收回，沒有了直覺，他的判斷力變差，開錯藥、開刀切除不該切除的部位……等等，各式各樣的問題發生，其實都跟靈魂有著密切的關聯。

許多朋友會到座談會或是宮廟詢問通靈老師，關於病人是否給某位醫師動刀等等問題，這些問題有人覺得是迷信，但我們換個角度思考，同樣一個動刀醫師，爲什麼有的人會離開人世，有的人卻會留下來？這當中最大的關鍵就在於運勢！

我並不是希望大家都來座談會問我哪些醫師適不適合動刀，而是希望大家認知到，關於醫學這件事情，還有很多未知數。現在的醫學表面看起來很進步，但是許多醫師畫地自限，認為生病看醫生是絕對的，而這樣的想法，也會阻絕上天給他的直覺。其實從一位醫師的談吐就可以看出他的醫術，或許某些醫師開刀經驗不足，但若有一顆謙和尊重天地的心，上天自然會輔佐他成為一位優秀的醫師。

西方實習生小時候通常都有調皮搗蛋的情形，但你會在他們身上感受到一股不凡的氣質，他們可能長得特別清秀，對於生活的感知能力很強，可以非常準確的感受到周圍長輩的情緒。他們主見非常強，也有一股很強的領導能力。這樣的特色，讓他進入校園後不知不覺有一股強烈的魅力，再加上功課優異，往往成為朋友與同儕之間的焦點。

他們強烈的人格特質會招來不少異性緣，他們知道自己要的是什麼，相對的，這樣早熟的個性會幫助到許多身旁的朋友。

在西方實習生還小時，家人對他的教育非常重要，因為特別的氣質，以及自己很容易成為同儕之間焦點的特性，可能會讓他們產生自負的現象。菩薩認為，這時家人可以培養他閱讀《靜思語》這一類的心靈小語書籍，透過這些小小的心靈啓發，讓他們的人生在幼時就種下善根。擁有一顆柔軟的心，面對病人才能有耐心諮詢提供意見，而從事醫生行業有著許多選項，無論是獸醫或心理輔導師，這些都是在廣泛的醫生行業範圍內，只要是關於醫治與療癒，就是他們一生的志業。

感情特質

來自西方的實習生靈魂，這一生的感情功課是辛苦的，因爲西方實習生靈魂多數從事與生物科技研究有關，或是擔任稱職的醫護人員。面對醫學這個領域，他們心中往往有著一份強烈的責任感，這份工作對他們來說，就是一份先天的使命。

這一世的感情對他們來說其實是很大的考驗，我曾遇過一位年約四十歲左右的醫師，在諮詢的過程中，我可以感受到他的無奈。面對感情時，他主觀的認爲物質上照顧好自己的伴侶與孩子，應該比什麼都重要，也因此忽略了對方也需要關心與呵護，雖然給予對方物質生活的安全感，但是情感上卻不自覺的忽略，使他們的婚姻最後走上分手、離婚之途。

菩薩看到這個現象，其實爲他感到難過，因爲他們其實都很認眞在經營自己的婚姻，只是在處理感情的過程中，忘了除去照顧對方的物質生活之外，還需要感情上的呵護與關心。他們也都不願把自己辛苦的一面帶給伴侶，所以在相處中，即使很累，也不願把負面情緒表達出來。老婆看到全身疲累的丈夫一臉倦容回到家，詢問他工作辛苦嗎，他也總是報喜不報憂的說：「沒事、沒事。」

這樣的相處模式，使這對夫妻漸漸對彼此感到陌生。醫生每天要面對數不清的病人，症狀不同的病因、病情，下班回家中只想好好休息，讓自己澈底放鬆。老婆心疼老公，想跟丈夫聊幾句，對方卻無精打采，導致根本說不下去。剛開始，老婆爲老公心疼，希望老公在醫師工作上，可以將自己的職務分散一些給其他同事，留點時間給家人。

這位西方實習生靈魂的男醫師，面對醫師工作與病人的身體狀況，總將這一切看成是自己的責任，讓責任將他壓得喘不過氣來，但他仍沒有把這份沉重的壓力放下。也因爲放不下自己的工作，讓婚姻出現了問題。遲遲沒有溝通的兩人默默的進入無止盡的沉默，大家都認爲自己的認知是正確的，男人覺得自己工作認眞，努力的醫治病人，而女人覺得先生不懂得關心、關懷，只知道照顧病人，卻不懂得照顧自己的妻子，如此僵化的氛圍，終於讓他們的婚姻走向分道揚鑣。當他來找我諮詢時，已經結束他們將近六年的婚姻了。

如今兩個人都有各自的新生活。但在這位醫生心中，總覺得對前妻有一份虧欠，諮詢他時，菩薩告訴他：「面對婚姻這條路，需要學習的太多，因爲妻子對你的愛從來沒有少過。當你面對他時，需要的只是一句關心的話語，你的妻子眞心與你交流分享，只因你不想把工作的負面情緒帶給他，而選擇沉默不願多說。但夫妻本爲同林鳥，能夠共同分擔分享是一種福分。」

當天的諮詢，菩薩讓他了解到前妻的個性，以及他們相處上的問題，當天諮詢結尾，菩薩希望他可以誠心誠意爲他當年的錯誤，當面向前妻道歉。諮詢後的第三天，我接到這位男醫師的電話，談話之中，他很感謝菩薩的提點，因爲前妻告訴他，當時選擇離婚也是一時衝動，而因爲這個道歉，他們願意重新嘗試在一起。

這個案例就是西方實習生靈魂的典型案例，面對感情的他們，往往會忽略對方的角度與感受，只用自己認爲對的方式付出。

西方實習生靈魂在面對感情時，需要的是爲對方付出的關懷與觀察，了解對方要的到底是什麼，過程中，適度的調整自己的心態與工作即可。菩薩認爲他們認眞的態度可貴，但是在工作之餘，需要給自己空間休息，也要留時間與家人相處，當他們懂得如何調配自己的時間，讓自己不要當一個全天候都在工作的人，實習生靈魂的感情功課，將會修得更完美、圓融。

人際關係特質

「對這個世界沒有什麼抱怨，凡事都是從自己開始。」

西方實習生靈魂的心中有一股善念，他們深信人性本善，這股善念使他們聚集好的緣分到身邊。

大多的實習生靈魂工作不會偏離醫護與生物科技這兩種行業，這兩種行業最大的特點，在於治療與療癒現代人的身體狀況。菩薩所說的生物科技，指的是對於未來藥品的研究，即現代疾病發生的原因，所以在這個領域深入研究，對他們來說是一種使命與責任。這樣的靈魂在現代生活中所結交的朋友與伴侶，大多是憑著自己的直覺去選擇。

如同上述文字所提到，西方實習生靈魂相信自己對這個社會付出多少，上天就會回饋多少在他們身上。因此當身旁有不好的朋友出現時，他們往往會思考是否自己不小心傷害到他們的權利，所以不斷的自省與內省，這是他們身上的特點。這樣的心念會遇到一個問題，有時候不是他們的錯，但在面對許多事物時，他們多半會把問題怪罪到自己身上，無形中就讓自己背上許多莫名的壓力。

菩薩希望西方實習生靈魂能夠學會放下不該屬於自己的壓力，而在這段學習的路上，需要很大的堅持力，因爲西方實習生靈魂會認爲，放下壓力等於放下了該負的責任，他們總是把很多事情都攬在自己身上，所以生活才會這麼辛苦。

有智慧的付出才是做善事

舉例來說，一位西方實習生靈魂的先生，一個月收入約莫新台幣十五萬元，但是他的太太娘家一直有許多經濟狀況，娘家的弟弟不工作，他一個月拿三萬塊錢給太太娘家，另外又資助兩萬塊錢給娘家的小舅，太太娘家家裡所有的支出大都出自於他。菩薩認爲他們有一顆很善良的心，懂得愛屋及烏，但在這個案例中，這位西方實習生靈魂目前是在自己能力範圍內做這些事情，但如果有一天這些問題成了負擔，情況就會本末倒置，因爲幫助他人而讓自己陷入困境。

西方實習生靈魂很懂得在物質面幫助身旁的人，對朋友與家人向來都是慷慨大方的，但是在情感層面上，他們往往會忽略，所以身旁的朋友對他們的形容，大多會認爲西方實習生靈魂是一個個性很隨和的人，對於朋友付出大方，從不計較，而這樣的個性，偶爾也會面對到一些想要貪圖便宜的人。

菩薩認爲西方實習生靈魂的人，應該要有智慧去判斷身旁的人，不要讓自己傻傻的付出，這其實是在助長他人做壞事。

以上述的例子來說，如果娘家的小舅一個月兩萬元的資助，是在幫助他創業，菩薩認爲這是一種投資，無論成功失敗，大家都曾努力過。但如果娘家小舅是以投資爲由，而將這兩萬元花天酒地甚至吸食毒品，這件事情就是好心做壞事，所以有智慧的付出是一件很重要的事情。

菩薩給西方實習生靈魂的話

付出是需要學習，懂得有智慧的付出，使所有的緣分圓滿。

三、西方教育生靈魂：無限創意，無意間為社會傳遞正面思考的能量。

個性特質

「靜下心來，緩緩思考與感受，原來正面的力量就藏在生活的小細節之中。」

閱讀、書寫、感受大自然，這樣的生活品質並不只出現在物質生活較好的家庭中，在我從事菩薩心靈療癒的過程裡，我看見許多朋友因爲現實生活緊繃，不懂得釋放壓力，產生許多身體的病症，而在寫書的過程中，我也同步的在整理。

三年來我處理過的個案，從這些個案中，菩薩將他們歸納在這十種靈魂，所有的靈魂都有他的天命存在，而在這些整理中，我發現有很多走偏的朋友，也慢慢走在回歸自己道路的階段，有些人因爲吸食毒品結交了不好的朋友，在菩薩的引導之下，回歸正常的生活，透過勒戒與菩薩的心靈治療，讓他回到自己的道路上。

一年多前，我認識一個朋友，名叫小艾，年約三十出頭的女孩。這位朋友在網路上看了我的第一本書後，加入我的臉書，希望可以藉由菩薩的幫忙，讓他走出感情的難關。他在感情的路上，不斷重複經歷被劈腿的事件，他不知道自己爲何會有這樣的遭遇。

小艾第一次來諮詢時，他穿著一件灰色大衣，一臉愁容，一副大大的黑框眼鏡，遮住了他略顯憔悴的臉龐。這是幾年來經常看見的現象，因此當小艾坐下來與我面談時，我問他：「現在的你，快樂嗎？」女孩沉默以對，靜待一些時間之後，靜靜的開始訴說。

「在我看到你第一本書時，我就常常在想，這幾年所遇到的問題，是不是在菩薩面前可以有所解答，但這些時日內心也一直猶豫著，不知道來這裡會不會揭開我不想看到的一切。」

我靜下心來，靜靜的與菩薩連結，菩薩告訴我，女孩是從西方靈界來的靈魂，在這一世，自然會遇到許多感情的挫敗。而這一世因爲來到了東方，看到許多人事物跟過去所熟悉的一切不同，看到許多變化卻無法調適，中國人的飲食習慣、消費習慣及思考觀念……在在讓他無法適應。

菩薩爲我陳述，這個女孩就是書中將要談到的西方教育生的靈魂。

平時開心快樂像個開朗外向的孩子，但心中卻有一個孤獨害怕成長的小女孩，想要好好在父母的保護下，當個永遠不必長大的小孩。現實生活中，卻以不同的面貌與大家相見，一個外表光鮮亮麗，擁有好口才、漂亮外在的西方教育生靈魂，或許你在讀文章時，你也跟我同時感受到這一股矛盾的力量，在我的諸多個案中，的的確確有這樣的人出現，這些朋友遍布在各個角落，無論他做什麼樣的工作，「時尙」兩個字永遠不會脫離他太遠。

但這樣的個案，通常都是在父母離開之後，才開始走入下一個靈魂階段。當那個孤獨害怕長大的小女孩，意識到在他身旁的參天大樹也有離開倒下的一天，才明白人生路上不可能永遠不說再見。

靈魂這件事情其實說來很奇妙，但在其中我們可以漸漸找出生命的慣性。

感情特質

在感情的世界中，來自西方的教育生靈魂，他們在人生的這條道路上，一直是個矛盾的角色。

小艾，在我面前脫下大衣，開始進入沉靜安定的狀態，準備開始這一次的諮詢，我請他用三次的深呼吸，讓自己身體與心靈準備進入這一次的療癒之中。

一開頭，菩薩便要我請他將這一次的問事，當做是一次身心靈整合的課程，重點不是得到事情的答案，而是讓自己好好的經歷這一場過程。來自西方的教育生靈魂，是一個在理性與感性間經常感到矛盾的人，而所有一切的根源，就是不希望有痛苦難受的感受。在這段文字前的大家，你也可以好好想想，在你身旁是否有一種人，對於生活的一切總是如魚得水，看似不需要伴侶，但幾杯黃湯下肚之後，卻又顯露出脆弱渴望愛的那一面。

他們就是如假包換的西方教育生靈魂，或許你會覺得這樣的人很多，但是他們的脆弱是非常矛盾的。例如在事業上有著很好的成績，希望可以找到一個好伴侶，可以好好的一起打拚，但在現實社會中，他們往往成爲一個女強人，許多事情都需要自己掌握，無法忍受比他懦弱的男人，因爲在他們的生活與過往的人生經驗中，他們創造出無數的創意與驚喜，例如他可能在文壇中是一位傑出的女作家，所以在相同領域中，他無法喜歡上同爲作家的人。

在事業的領域上，傑出的表現讓其他人無法輕視他的存在，所以內在的高傲讓他無法在相同領域找到喜歡的對象。因爲在他熟悉的領域，心中比較的力量，會不斷的計算眼前的這個男人的實力到底有多少，到底與他是否匹配等問題。另一方面，他們心中嚮往著共同工作的美景，卻不知道自己內在悄悄有了這些強大的設定，阻礙了他的夢想。

小艾在與我談到感情狀況時，其實一直想要找到眞命天子，讓他可以走向幸福的婚姻。當我閉起雙眼，傾聽菩薩的話語時，小艾又補充一些想要請教菩薩的：「我想請問菩薩，關於未來事業與愛情是不是能找到一個平衡點，因爲在現在這個社會，我似乎找不到一個眞正適合的對象，談過幾次戀愛，總覺得我比他們還要認眞，付出的總是比他們多，是我做的不對嗎？還是我做錯了什麼？」

這種看似失去自我的問答，其實在菩薩座談會與個案中，常常可以遇到，尤其在迷失方向的西方靈魂更是有這樣的迷惑。

機會、生命、緣分

我請他靜默的觀想剛剛所問的這些問題，我請他放下思考的頭腦，全心全意的進入問題的核心。

菩薩此時邀請所有正在閱讀本書的朋友，與小艾一起進入療癒之中。

「生命的問題不是來自事件本身，而是我們如何觀看的心念。」

「靜靜地問自己，『愛』這個元素，對你而言是怎麼一回事。」

我邀請小艾用幾次深呼吸，試著讓自己的面容帶一點喜悅，嘴角輕輕的上揚，但在每一次的呼吸之中，試著讓自己更深層與安定。慢慢的，我們周遭的氛圍與磁場進入安定平穩的狀態，我們走入更深的一層安定，小艾的心不再有不安全感。

我們在許多個案中，需要做許多安撫與平穩的心理治療，才能讓個案慢慢的放下心，進入這一次的療癒之中。

菩薩告訴我，今天讓大家加入個案諮商的行列，最重要的是發掘自己內在靈魂深處的力量。而透過文字，也就是讓自己安定的閱讀，可以讓自己透過文字的引導達到與個案諮商相同的效果，這兩者不同的是，閱讀需要一顆安靜的心。

心安定的程度，決定了自己吸收的程度，而個案的引導，是讓各位更深層的面對自己，語言的力量可以快速的讓自己安定，但想要走得更深，還是要回歸閱讀。我在二〇一三年出版第一本書《神譯者》，當時最大的初衷，是透過個案的分享，幫助每一個人都能透過自己的力量解決自己的問題。

二〇一五年出版這本書，是讓你開始去面對關於生命的課題，了解自己與他人，才能看見生命的原型。大家知道嗎？在寫這本書的同時，菩薩已經將我們會遇到的一切問題與生命形態，一一透露在此書當中了。

拿到手上這本書的同時，你可以雙眼輕閉，靜靜將左手放置在這本書的上面，而右手放置在這本書的底部，將會有一股輕柔的力量從這本書當中傳遞給你。這是來自菩薩的恩典與祝福，菩薩將此密碼放置在這本書的這個章節，就是要讓有緣人去聆聽感受，打開自己的心，讓恩典與祝福傳送給有緣的你。

在小艾靜心的片刻，我在手上的筆記本，菩薩透過我寫下了幾行字：

「來自西方的靈魂，總是對東方世界的一切充滿好奇，他們將他們所學的一切，在這個環境之中帶與創意與創新的力量，西方的天使將他們送來這裡，他們是有使命的，他們爲這個社會帶來無盡療癒的力量。」

我讓小艾透過幾次深呼吸，讓自己看見自己內在深處的力量，其實正不斷湧現支持著他，所有的治療都比不上自己願意去療癒的那一顆心。

小艾張開雙眼後，兩行淚就輕輕流了下來。在整個療癒過程中，他深深感嘆著，原來自己從來沒有靜下心來跟自己好好的相處過。他靜靜的述說：「剛剛在談到『愛』這件事情時，我頓時無法明瞭爲什麼內在有種力量想要湧現出來，但在過程中，我有一種強大的矛盾存在，好像有一股力量想要我坦白說出來，但又害怕自己一旦說出口，別人就會知道我並不是這麼堅強，我本來只是想平平淡淡的問事，沒想到會越走越深，這也是我所害怕的，我從來都沒有那麼赤裸裸的出現在任何人面前。」

我告訴小艾，今天的你會來到這裡，最大的原因是因爲你已經準備好了，你的內在呼喊你，讓你與菩薩結下緣分，你會了解這樣的緣分是值得的。書寫至此，我感覺到「人們會因爲愛而生，卻也因愛而苦。」

原來「愛」對我們來說，正是與空氣、陽光、水一樣的重要，我在這三年的時間，試著去感覺愛在人們心中所占的分量，我看到了許許多多的人如何在愛之中成長、改變；在愛的這一條路上，我們不知不覺愛著愛著就直至永遠。

再遇見的勇氣

在療癒過程中，我帶著小艾去回想自己過去面對感情時那個失落的自己。在過去，他是一個沒有自信的人，他可以在別人面前談得一口愛情聖經，似乎從他的言論中，可以說得清楚什麼才是讓彼此留在愛情裡的唯一眞理。

在外人眼裡，西方教育生面對感情，不是一個愛情高手，就是一位感情贏家，但他們在自己心中卻無比的寂寞，因爲他並不像在他人眼裡那般的灑脫，他也會受傷難過，也會在感情裡迷失自己。

我帶領小艾面對過去，與他談到，如果我們現在再回到那個當下，你會不會做出與當時相同的決定？

「我其實很愛很愛那個人，我不知道現在的自己是不是有勇氣再面對那個分離的景況，我當時還是很愛他，但就是說不出口，也無法低下頭來，記得那時我趾高氣揚的對他說出分手的決定，現在我眞的後悔了，我後悔說出那些話，後悔輕易放下這段感情，我無法放下自己的自尊與面子，去對一個男人說出我愛他。」

我低下頭來，靜靜的感覺小艾當時所說的每一句話，在這個當下，我深深感覺到，原來這個看似漂亮的女孩心中有這麼多說不出的愛與痛，眞得辛苦他了。「小艾，愛並沒有那麼多自尊與面子的問題，你可以問問自己，對你來說，自尊與面子在你的人生裡代表著什麼意義？」

我請小艾在這個當下去感覺，在過程中，他不停的流下眼淚，我了解這些眼淚絕對是長久以來壓抑在內心的傷痛，或許一直沒有好好哭過，才會有今天的結局。

「自尊與面子，對我來說好像是某種對生命的保護，是讓我安全的保護系統。而我現在所處的環境以及在許多人際關係中，用這樣的方法似乎可以讓我不受到傷害。或許在別人面前會讓人覺得高高在上，高人一等的樣子，可以讓我避開許多我不想處理的問題，例如有人會向我傾訴許多內在不要的負面情緒等等，但這些時間以來，我越來越寂寞，沒有時間跟自己說話，旁邊並沒有什麼朋友，大家似乎也都是有目的而來，我真的累了。」

人際關係特質

我在生活裡的二三問

「說話、讀書、生活」，這三個我賴以為生的三元素，我試著去面對與處理周遭複雜的人生，我是小艾，在這些時間以來，我疲累的世俗生活便是如此。我的工作與文字有著相當的關連，我喜歡浪漫的文字，也喜歡優雅的藝文表演，這樣的人生為我帶來無限的力量。

讀書寫字的日子大約從我國中開始，從小我拿到作文簿，總是有寫不完的文字，第一次是寫關於父親的作文——我的爸爸，一個讓我從小敬畏的父親，出現在我的作文簿上，當我落筆而下時，我好像才開始去拼湊這個在我心中無上敬畏的人物，從放下權威、對我默默的關心，給我的第一個擁抱，還有他粗粗的臉龐與我磨蹭的感受，我都一一的書寫出來。

我會因為我的文字讓自己感動，書寫文字對我來說是療癒內在最佳的方法。

帶領小艾回顧人生時，我們看見其實從小到大的環境對我們有著很深很深的記憶。此時，他突然記憶起，原來療癒這件事情，從他的中學時期，便已經領受到這股來自上天的天賦。

對他而言，在人際關係中，他是一個令人羨慕的角色，是個名作家，好的編輯，好的創作家等等，菩薩在觀看西方教育生靈魂時，知道他是一個很有能力的角色，只是在這個大環境之中，他需要平衡對於過去家庭、生活、成長過程的情緒與記憶，讓過去回歸於完整，不再有一絲絲的不平衡與遺憾在他的生活之中。

小艾訴說自己片段的過往記憶時，我反覆的讓他去思考關於當時爲什麼會這樣做，他的行爲想法及思考邏輯的當下，到底蘊藏著什麼樣的意義。

一個來自於內在的深層對話，菩薩如同他的大我一般，讓他反覆與自己貼近相處，讓過去未曾流過的眼淚，所有隱藏的過去，從一次的個案諮商中，讓他盡情的流露。癒就是與自己的深層對話，讓過去所有過不去的一切，統統都過去。

菩薩給西方教育生靈魂的話

親愛的，這些年你真的辛苦了，你爲這個世界帶來了許多美好的事物，你是英雄，你的付出所有人都看得到，該給你掌聲的，該佩服你的，你都讓他們俯首稱臣了，但這些豐功偉業都是你花人生大半時間所爭取來的，現在的你該是好好對待自己了，脫下美麗的外衣，放下外在應對進退的說話方式，給自己好好的淨身沐浴，坐到書桌前，好好的寫一寫關於自己的人生整理，書寫就是你療癒的天賦。

四、西方靈媒靈魂：預言、閱讀未來畫面，喜愛用大自然療癒的力量。

個性特質

巫，一個西方靈媒的化身

在還沒有醫生的年代時光之中，巫，便是他們仰賴維生的一個崇高職業，來自西方的靈媒，擁有閱讀人體氣場的能力，感應到未來的片刻畫面，對他們來說，當走入更深入的修行，即成薩滿。

薩滿，是一個大自然的療癒者，他能接通天地的力量，使自己成為一個管道，讓能量流動於身體。在你的身邊或多或少有一些朋友是具有靈能的感應能力，能知道外圍所發生的事物，給予了許多的力量與祝福給有緣的朋友。

在我舉辦多年座談會的時間之中，來到座談會的靈媒其實不少，有的來自東方，有的來自西方，他們各有所長，也想要從菩薩座談會中得到更多的祝福，讓他們在未來的路上更順利。

巫，一個容易被誤解的名稱，我們總認爲「巫」在某些時候扮演著負面的角色，電影播放著在十六世紀燒死女巫的影片，然而在現實中，女巫並沒有那麼可怕，而巫師也是一樣，他們在某些狀態之中扮演著強大的自然療癒者，透過藥草與符號，幫助人們醫療與安定心靈。

我在書寫時想到，來自西方的靈媒靈魂都有一顆纖細的心，他們能輕易讀取對方的心境，能夠感同深受許多事情。而在這個世界上，能夠在身、心、靈這三個層面上可以幫助到人的靈媒更是不勝枚舉，而從心出發的西方靈媒，讓世界重視心靈轉化、過程之中能夠看見，他們需要爲這個世界進入更深一層的淨化與轉化之中。

看見宇宙合一的意識

宇宙從零到有，在一瞬間就發生了，菩薩告訴我，在這個宇宙中，是從一到萬物，只在那麼一瞬間。你知道這是一種很難形容的感受，一份對於生命深深的感動，我們知道原來我們都是一樣的，我們都是在一起的，上天賦予西方靈媒這樣子的任務。

我是一位來自東方的靈媒，但在許多的累世輪迴中，我也經歷了西方轉世的過程，看見了心靈對人類的重要，在這一世的我，除了東方靈媒所擅長的化解與靈魂溝通之外，我也對心靈成長揚升非常重視，我的生活中不乏有許多來自西方靈媒的朋友，他們可能來自國外，來自國內，大家用不同的姿態在這個世界努力的付出。

我在書寫這段文字時是幸福且感動的，因爲這些年我經歷了許多的事情，讓我看見心靈與內在的影響，使一個人在生命歷程中可能產生的祝福，以及可能產生的限制與困難，這是我一層一層剝除自己內在的殼之後所看見的一切。

我今年二十三歲，我能做得到，爲什麼你不能。

感情特質

來自西方的靈媒靈魂，一生中所遇到的人事物與愛情的路途中，需要有一層更深的學習。西方靈媒在愛情中，看起來就像是一個強勢的男性或女性，他們有著迷人的外表與氣質，這是非常吸引人的，但迷人的人，未必能夠擁有美好的愛情。

我試著更用深沉的眼光去看待，進入這個靈魂的更深處去看，為什麼在他們的人生中，會有這樣的問題。在我過去的過往經驗中，始終相信，只要擁有獨特的氣質，一定能吸引來對的人與你相處甚至相愛。

當我進入西方靈媒靈魂的深處去感覺時，我看見，在他們內心深處有著一股來自自己外在及內在氣質的限制，在愛情中的他們感覺是辛苦的，他們這一生需要學會如何跨出第一步去愛人，在他們的心中有一股力量一直在牽動著，他們想要明白並且了解愛情到底是怎麼一回事，甚至想要擁有幸福這樣的品質。但在過程中，他們心中總覺得，如果要認真去愛一個人，勢必要犧牲某部分的自己，如果你在閱讀這段文字時，內在有著深深的感觸，不用懷疑，現在這個你就是西方靈媒的轉世，直覺會帶給你正確的方向。

走在生命旅途中的你，我想說：「親愛的，愛情來時你會看見眞正的自己，你不會因爲愛情而失去什麼，而你唯一會失去的，是那些長期以來你需要去面對及放下的個性問題。愛眞的會使你重生及改變，相信愛情，也相信自己的靈魂帶給你的所有一切豐盛。」

你想談談現在的自己嗎？

趕快拿起一張紙問問自己，現在的你，如果想要擁有更好的自己，尤其在感情中，你希望你是什麼樣的自己，而在過程中阻礙你的一切想法，請都把它丟掉，因爲牽絆著你的那些，都對你的靈魂無益。在整個過程中，你會看見一個很深的無奈或是對愛情的不信任，或是名利與地位所帶給你的牽絆，請你勇敢的把這一切都丟掉。

當你丟掉這些念頭的當下，你會有一種不切實際的感受，因爲這不是以往的你所習慣的，這一切實在太不符合現實了，由於不太實際，所以你腦袋的念頭會一直不斷的給你不一樣的建議與想法，但這一切請你勇敢的拋除，因爲你的靈魂即將受到這股來自上天的強大祝福。

你需要勇敢嗎？

看到這段文字的你，請你鼓起勇氣，開始改變自己的人生吧！開始啓動對你的人生來說，是一股強大的心靈力量，他會使你轉化，使你進入強大生命的本質道路上。

你會訝異，你會驚訝。

在你的生命中，正有一股強大的力量在影響你要你改變，無論你的年紀多大，但在愛情這一條路上，他會更加滋潤你的生命，他是你的陽光、空氣、水。

親愛的，你願意給自己一次幸福的機會嗎？

我很驚訝自己會用這樣的形式寫出這一段強大力量的文字，因爲你們強大的靈魂引動來自菩薩的祝福，因此我收到了這樣的訊息。你相信嗎？如果你能好好的看待這段珍貴的文字，你眞的值得被稱一聲「親愛的」，因爲你即將擁有一段開啓幸福人生的愛。

人際關係特質

這些年的你，過得如何呢？你靜靜的問自己，關於身旁的人事物帶給你收穫的是什麼？是一場又一場痛苦的教訓？還是一次又一次的生命試煉？

而這些事物來到你生命的意義到底是什麼？爲什麼現在的你無論到了多大年紀，依然需要面對這樣的問題？

在流光歲月中成長成熟的你，面對周遭的關係，似乎可以雲淡風輕好好的談了，但這些事物給你最深的功課，難道只是一份簡單的釋懷？親愛的，現在的你不需要再釋懷了，請好好的看待這些來自生命最深刻的情緒。

或許你眞的受到很大很大的創傷，眞的很痛很難過，甚至很恨這個人，但請你好好的正視它。感覺本身沒有對錯，這是給你們彼此之間深遠重大的功課，這個對你來說可能正是無上的療癒祝福。

我們將要透過文字，帶領你去看到最深刻的一切，因爲在這份殘缺之中，其實有它美麗與珍貴的地方。

你有沒有感受到，好像眞的有一份眞摯的情感正在心中流動？帶著一份簡單的溫暖，卻有一股黑色灰灰髒髒的能量流，也在心中緩慢的推動著，更貼切的形容，就像是污穢的水溝泥巴一樣，一個平常不去清理、以爲沒有味道的東西，一旦去翻攪腐爛陳年的內在，可怕的情緒就像是撲鼻而來的惡臭一樣，揮之不去。

但你知道，唯有去觸動這堆污泥，才能讓你的生命眞正流動。在我眼前的這位朋友，其實當我看到他時，我內心深感心疼，他是一位很棒的薩滿靈媒，同時也是一位很棒的醫師，但他在感情與身體健康之中，卻還沒有得到療癒與平衡，我深信他眞的很棒，可以幫助許多人，但或許上天也希望他能夠多愛自己一點，多照顧自己，讓自己在愛中滋潤與成長。

或許你會問，爲什麼我提到了愛，卻用在「人際關係」這個環節，這是因爲我們的生命源頭，正是來自愛本身。

曾有一位印度靈修大師說過：「男人與女人結合後所產生出的你，一個來自父親與母親記憶結晶的你，就是來自神的恩典。」在我的生命中，除了菩薩之外，有許多階段性遇到的心靈老師，一位比一位更加有力量與能量，他們總是能夠更深的帶領我看到自己、了解自己。

來自上天的療癒，是用不同的形式存在著，你知道嗎？牽動這一切的力量就源自愛本身。當你深深的感受到，你必會流下感動的眼淚，因爲你是信仰愛的生活實修者。

我們周圍的關係形同一張網，每個人在裡面相互交錯著，而我們內在的靈性是自由的，這股力量正由心開始作用著。

在西方靈媒這一生中，也需要經歷許多的試煉與考驗，這股考驗來自上天對他心靈敏銳與蛻變能力的提升。親愛的，如果你也有這樣的感受，請相信自己，在你的生命路途中，許多人都跟你一樣，有著相同的緣分，愛是讓彼此交流、流動的力量，讓愛撼動你的生命。

菩薩給西方靈媒靈魂的話

親愛的，這一路來你眞的辛苦了。請將你的雙手放在心上，去感受自己的心輪有著滿滿的能量流動進去，讓你保持與自己的心相處在一起。把方式放下，把一切以前所學所聞都放下，去感受它，感受這股強烈的流動在你心中，你是非常有力量的，讓這股流動竄進你的全身，與你每一個細胞交流，讓心與你的每一個細胞都在一起，你將會看到一個全然不同的你。

五、西方遊戲靈魂

個性特質

你這一生對許多人來說是幸福的。來自西方遊戲靈魂的朋友，你的人生就是用來體驗的，你喜愛旅遊，喜歡深刻的探索，無論關於人生或是關於愛。

可能在世人眼中，你是個花心的人，你很容易喜歡很多人，也許你有各式各樣的對象，也許你希望追求與他們發生進一步的關係，但這樣的訊息對你來說，在你年紀漸長之後，慢慢會發現自己越來越看不清自己到底要的是什麼？

你的靈魂是自由的，但你成長過程可能由於生長在受到限制的教育環境裡，讓你也開始對自己有了限制。老師教導你要有禮貌、識大體，對禮節要有更多的認識並且付諸實踐，但你的靈魂喜好自由，喜愛與人眞心交流，對許多事情非常好奇，愛好玩樂體驗等等，西方遊戲靈魂的你，也許能夠從我的文字中感受到我深深看見了你的心靈，這是菩薩帶領我深入你的內在，體驗你當下的感受，才有這個結果，真是奇妙。

如果生命需要一種確定，請你好好相信自己

「如果生命需要一種確定，請你好好相信自己。」我很喜歡這一句話，這是來自心中對於這個靈魂最深切的感懷。你們對生命需要一種確定，你們心裡明白自己是自由的，但是在外在環境中，你們也必須學會這個地球的規則，好好的體驗，好好的修正，在這看似遊戲的人生中，究竟該如何與自己好好相處。

在來自西方遊戲靈魂的你們，常常追求外在的快樂，喜歡玩樂，熱愛自由，但在這個狀態中的自己，真的快樂了嗎？大多來自西方的遊戲靈魂非常喜歡夜店，在這裡，來自四面八方的人們在昏暗的燈光下找尋片刻的歡愉與快樂，彷彿可以由此找到一股給自己安慰、安定的力量。

菩薩告訴我，如果這個時候，你聽到以下這段話而深有同感，你可能就是來自西方的遊戲靈魂：

「親愛的靈魂，十年後的你，知道自己在哪裡嗎？愛在懵懵懂懂時，你眞的站穩了嗎？你現在最重要的人是誰呢？最想珍惜的人是誰？還有最後你是誰？」

現在的你如果迴盪在這段話語中，恭喜你，你已經準備好開始好好面對自己了。所有生命的源頭，在找到屬於自己當下心靈最需要的靈魂話語時，會啓動一種內在的沉思，也會讓你深深看見，了解自己原來是在這個階段，我們將會看到一場與自己內在深入的對答。

以下，我將把曾經記錄的個案故事以文字對答的方式，如實呈現在大家眼前，當中唯有個案的姓名及與其生活背景有所更替，但並不影響個案療癒的眞實過程。

寫到這裡我是感動的，這是一份單純來自心中對於這些個案無盡的感謝，所有的個案，不僅僅是由我個人幫助他們進入療癒的過程，同時我自己也在其中共同被療癒著。這份力量是幸福的，如果現在的你還在爲生命何去何從而感到苦惱，請你好好的觀看此刻當下，我們現今的人生當中，你最想珍惜的是什麼？

我們的眼神與精神狀態很特別，它會把我們心裡所想的事情，完完全全表露在外，當你走進療癒室的那一瞬間開始，力量就啓動了。

生命中的我們無法完美，但我們卻可以走入完整。

唯有「心」回到家，「身」才不會迷失

來到療癒空間的小凱，我看見一個急急忙忙的男子來到我的面前。他穿著一身襯衫制服，帶著一副銀框眼鏡，頭髮也因爲風塵僕僕的趕來而呈現散亂的狀態。當他坐下來的第一瞬間，我就感受到他內心還在牽掛著工作的紛紛擾擾，他是帶著浮躁不安的情緒來到這裡的。

我邀請小凱先把專注力放在自己的呼吸，透過幾次深呼吸，讓自己身心安定，之後我請他去化妝間把自己打理好，再回到療癒室來。

當他離開療癒室後，我爲空間點了療癒線香，當火開始燃燒時，我雙手合十與菩薩連

結，請求菩薩給予這個空間的所有衆生祝福，在接下來的整個過程中，得到療癒與安定，找回自己內在的力量。

這整個過程，我持續進入一個很深的安定之中，菩薩靜靜的告訴我：「愛，會從我們的生命裡永無止盡、源源不絕的湧現，你的心就是這一切的源頭。知道嗎？小凱今天帶來的課題，就是一個自由的西方靈魂碰上傳統家庭的影響，讓他不知何去何從，心靈不安定。」

菩薩闡述完這段話後，小凱也準備好了，重新回到這個空間中。

我請小凱坐到我面前，提醒他做幾次深呼吸，讓他慢慢進入安定的狀態。

「小凱，你今天爲什麼想來呢？你的心發生了什麼事，請你用心與自己的內在連結，慢慢的敘述給我聽。」當小凱聽到這些話時，他慢慢將左手放在自己胸前，這個動作對他來說，似乎有一種連結與支持的力量。

「小凱，你很棒，請持續進入內在的感受，你將會看見讓你驚奇的寶藏。」接下來，小凱默默的留下了兩行男兒淚，眼前，是一個脆弱的大男孩坐在我面前。

「郁文老師，我不快樂，我覺得自己好不自由，好不快樂，胸口好悶好難過。」

「小凱，你看到一個求救的自己，請持續好好的跟自己連結，去看看你的內在到底發生了什麼事情？」

「我做了很多很多不好的事情，我愛了很多女人，有很多的女朋友，很多不正常的關係，我的好朋友都離開我了，這些年我心裡眞的好苦。」

在生命的燦爛年華，上天似乎要給眼前這個大男孩一次面對人生的體驗，關於自己，關於生命，關於未來的幸福，這一切需要一個全新的定義。

在這裡，我們看到一個來自西方的遊戲靈魂，正在渴求尋找自己人生的階段。我在許多個案當中看見的西方遊戲靈魂，很喜歡在花花世界裡找尋自己的桃花源，但他們越往外尋找越是找不到。寫到這裡，我心裡有種感受：「親愛的，你越是往外尋求，越是在這片看似好玩有趣的花花世界，得不到內心片刻純粹快樂的感受。」

相信大家可以由此辨識，來自西方的遊戲靈魂有著怎樣的特質。確實，外在的花花世界，可以讓人短暫的品嘗到刺激、快感，但是來自內在深層的快樂，卻是需要在逐漸往內探索才能深深體會。

小凱是一個人見人愛、討人喜歡的帥氣男生，但是在與人交往的過程中，雖然結識了許多朋友及感情交往對象，但真正使他內心快樂的事物，卻是少之又少，幾經朋友介紹後才找上了我。

我告訴小凱，現在的你，需要和家人有一次深深的連結，唯有內心真正體驗到「家」的感覺，才能讓你不迷失在茫茫人海中，而重新找到回家的感受。當你的心回到內在安定的家，你將能感受到一種純粹的快樂。

在整個寫作的過程中，我總是能夠感受到一股無比溫暖的力量，尤其在這漫漫長夜裡書寫個案的心靈感受，對我而言更是一種幸福的感覺。就在這個當下，我收到了小凱發給我的臉書私訊。

「郁文，謝謝你這些時間以來對我的幫助，我重新體驗了人生中的幸福。」

看見一個和我年紀相仿的男孩在我面前心靈告白，讓我內心感觸萬千。談到這裡，許多人可能會好奇，我當時是如何幫助小凱走過這個過程的？回到上面的文章，大家可以看到一個線索，就是當小凱試著從內心與家人深深連結後，自然而然就會回到心靈眞正的家，幫助他在茫茫人海中找到自己生命的定位。

反覆思索這幾句話吧！它很可能因此改變你的人生。

「要怎麼連結我的內在？我很難去感覺……我只想好好看清楚爲什麼會有這樣的感受……我不知道爲什麼我要的那麼的多……」

「小凱你很棒，你經歷了一個自己所需要的過程。這些年來，在我看見的這麼多個案當中，很少有人願意像你一樣誠實面對自己，說出自己現在的狀況。大部分的人都有很多顧慮，顧慮別人的感受、看法，唯恐別人把自己歸類於「有問題的人」，你很有勇氣去看見你自己。」

我邀請小凱做一次深呼吸，讓自己保持在更深的連結中，我邀請他去看見自己，爲什麼會有這些感受，在此刻當下。

感情特質

菩薩讓此時的小凱體驗到一種解脫的感受，而其中最大的關鍵是，小凱願意好好誠實面對自己，因此他能看到自己內在深處有一種對愛的匱乏感。

我們看到這關鍵的一點了。正是「缺乏愛」的感受，讓小凱逃避在眞正的愛中成長與改變。

我們生活周遭是不是也常常看到上演著類似的情境，人們陷入一個看似快樂而迷幻的不正常關係中，但實際上，那是對自己內在深刻的不誠實。

在我許多的個案當中，看到很多在愛中受苦的人們，他可能是一個愛情玩家，擁有亮麗的外表，但內心卻是非常不快樂的。他的內心需要神來救贖，這是西方遊戲靈魂心中最深沉的吶喊。

如果你看到自己就是這樣的，請你好好閱讀下面的文字內容，這可能會是改變你人生的最大的力量。

菩薩在觀看小凱時，他的內在有許多聲音正在流竄著……

「這一切有沒有用。」

「怎麼可能有人能解答，這已經是多久的問題了。」

「這些人說的說不定都是屁，自己看起來也沒有我屌。」

但在這些強烈不安全感的內在聲音流竄之時，自己的內在同時又有一個聲音告訴自己：「賭一次好了，反正來都來了。」

就在那一刻，我開口告訴他，「小凱，菩薩請你好好的感覺，今天你既然都已經來了，那你就好好相信這一次機會，你會看到一個不一樣的自己。」

大家可能會好奇，爲什麼需要這樣一次又一次的引導呢？其實如果我們的心都準備好了，我們就不用透過儀式，也不需要來問事，你自己將會慢慢學習如何處理生命的各種問題。寫書的同時我也問菩薩，這樣的靈魂個案，爲什麼需要透過一次又一次的技巧式引導，讓他去看見問題，引出問題點？

「來到這裡的人，尤其是來自西方遊戲靈魂的他們，內心常常處在一個不安定狀態的自己，他們這一生最重要的一件事，就是全心全意去體驗人生，經歷人生。」生命走入一次又一次驚奇奧妙的階段，他們來到這一世的感情，是需要用一種玩樂的心情去面對，用心且全心全意的去體驗，並且經驗自己的存在。

這時菩薩告訴小凱：「來到這裡，第一件事情你需要明白，過去面對感情時，你有太多太多想要抓取的東西，而今天最重要的就是要你慢慢明瞭，這一切的變化最終還是自己的心，當你放下那顆想要掌握對方的心，並且用一種『一起來體驗享受愛情』的心態，你自然而然能夠感情順利。」

我約莫用三種不同的方式重複對小凱說，要他好好記住，菩薩給他在感情之中最大的提醒，就是要他好好去體驗，不要用任何想要抓住的態度面對，或是在一段感情還沒開始之前就做了許多假想與設定，甚至產生煩惱。

有人會問，類似小凱這樣的狀況，是否有一點躁鬱症或妄想症的可能，菩薩要我告訴具有這樣靈魂特質的人，你們並非受到任何事物的影響，也不是任何的疾病，你們與生俱來就有這樣的特性。你們的想像力非常豐富，有著無限的創意，但在過程中最重要的是，要將你們豐富的想像力落實於生活，一切才有產生驚奇變化的可能。

人際關係特質

走在人生的旅程中，西方遊戲靈魂其實有著許多內在的疑問，在友情與人際關係上，表面上好像交了許多朋友，交往互動的過程也十分開心愉快，但始終沒有一個朋友可以留得住。

菩薩看見你們這一路走來眞的辛苦了。你們是一群來這個世界享受體驗的靈魂，其本質是幸福的，但如何好好玩樂一生，對你們而言也是一個很大的考驗。

你們會經歷許多事物的變遷，也會有很多不同的聲音出現在你們周圍，影響著你，試著讓你穩定，但你會發現，你越是套用一般世俗的價值觀，例如該好好就業，找份穩定的工作等，去面對處理自己的生活，你反而會變得越來越辛苦，諸事不順。

這到底是爲什麼？菩薩今天就要在這裡讓你們了解，原來這一切都跟你們的內在靈魂有著深深的連結。

這一世的你只需好好完成自己的功課

在人們眼中的他，是個喜愛玩樂、非常特別的一個人，而在內心深處，他其實總是孤獨的一個人。

來到這個世界的西方遊戲靈魂，面對人際關係，自己也說不上來，因爲看似沒有任何問題，但一切卻也充滿著問題。我們可以感受到，這個靈魂的內在是矛盾的，他矛盾著自己應該要順從自己的本性，或是要當一個在世人眼中符合規範的人。

在這裡，菩薩要告訴西方遊戲靈魂，這一路走來，別人看你瘋瘋癲癲的，沒有人知道你內在眞正的想法，或許你是別人的開心果，但有時候你自己也會想，誰要來當你的開心果呢？因此，你們最適合的就是跟學習生靈魂的人在一起，當朋友或者情人，因爲你們的內在需要一個單純乾淨的人陪伴。

在你們的人生過程中，神對你的幫助極小，因爲這一世的你只需要好好完成自己的功課，便能走入靈界修行。

很多人會好奇，這一世的你怎麼會這麼有福分，好像錢對你來說從來都不是問題。是的，菩薩說這一世的你們，就是衣食無缺，但是有一個很大的先決條件，就是你不能想要控制金錢，比如說刻意的存錢等等，這對你們來說反而會讓你們陷入窘困，因為你們靈魂深處知道錢財是身外之物，拿不去也帶不走。

而在人際關係當中，也是相同的道理。當你越想要跟某些人交朋友，刻意去學習他所喜歡的事物，反而會讓自己失去靈性的本質，陷入不快樂的狀態裡。

來到這一世的你們，只要全心全意的「放下」，好好的享受人生，這樣就夠了。

菩薩給西方遊戲靈魂的話

孩子，這一世來到這裡，你會深深感受到靈性的偉大，上天會默默的陪伴著你們，而你們只需要好好的生活，一切都不用擔心，上天會成為你最大的靠山，但需要提醒一點，所有的玩樂都是在尊重彼此的狀態下去進行的，不能變成一個跋扈自大的人。

第三章

二十一世紀的亂世磁場與禁忌

進入二十一世紀（西元二千年）之後，你慢慢會發現許多個人意識開始逐漸顯化，千禧年象徵「心紀元」的開端。我將在書中詳盡的爲大家介紹，二十一世紀所帶給我們內在心靈與外在運勢的重要課題。「心」，一個全新生命源頭的開端。

有許多文章及預言提到，本世紀所面臨最大的問題，就是氛圍磁場的混亂，而造成亂世磁場的開端正是我們自己。從我們擁有一個資訊發達的網路開始，一切的亂世力量就已經在不知不覺中慢慢拓展開來。不是網路資訊發達的錯，而是人們需要去看到自己內心的黑暗面。

這些年網路發達，隨著網友的崛起，公衆人物們開始提心吊膽於自己所發表的言論。剛開始，我們發現明星會因爲網友的討論而注意自己的言行舉止，但在不知不覺中，我看到一股可怕的力量產生，其原意本是提醒，最後竟成爲謾罵。

我請教菩薩，這一切的源頭起自於何處？

「當今社會之所以出現大量的網友與網軍，是因爲在他們內心深處有著很多的不快樂與黑暗。人們眼睛所見，都是自己內在的一種投射。例如，當一個女孩罵著網路上的漂亮女模不好看、做作，或是寫下許多未經深入了解的批評，這可能跟他過往人生中，內心有著一股深深的『嫉妒』有關。許多女孩都看不見或無法面對自己內心的忌妒。如果想像自己長的跟網路上那位女模一樣，而你看到有人寫下惡意的批評留言，也許便能了解這個小故事的含義。」

一位知名的饒舌歌手蛋堡，曾在臉書寫出這樣一段話：「網路的世界發展得太快了，人類的心智還沒進化到可以駕馭。」在收錄這句話進來的當下，我曾與蛋堡先生聯繫，以取得使用權將之轉載，他補充：「所以在網路上一樣要心存善念。」

寫到這裡，菩薩告訴我：「眾生之苦，大多來自人們在許多當下，只看見自己的感受。而讓人們感覺到受苦的根本原因，則是因爲自己的心仍在強烈的執著著，因此，若能將「三心」（靜心、淨心與敬心）的思維放入生活中，便能解脫自在。

佛說眾生苦

菩薩請我閉起眼睛，感受一下。沉靜間，我遇見佛陀靜坐於樹下，我請示佛陀讓我明白，爲什麼人要來這世上，受到許多的挫折與磨難？佛陀沒有回應，靜默的在樹下靜坐著。我再問祂，「佛陀，爲什麼不回答我的問題？」佛陀依然沉默。我再問：「你眞的可以使人解脫嗎？」佛陀仍是不爲所動。我窮追不捨的請問佛陀：「佛陀，你知道衆生會有煩惱的原因嗎？」佛陀仍然保持沉默。此時，樹上的葉子輕輕飄落。當葉子飄落到佛陀頭頂時，佛陀仍然不爲所動。

此時菩薩出現在畫面中，作出頂禮的手勢。

我慢慢的回到當下，我不明白，佛陀在樹葉飄落的那個當下，爲什沒有任何反應。菩薩問我看見了什麼，我回答：「看見佛陀坐在樹下，我問什麼祂都不回答，就只是靜靜坐在樹下。我問了很多問題，但祂就只是安靜的坐著，沒有回答我任何問題。」

菩薩說：「祂什麼都告訴你了。」

我很認眞的告訴菩薩：「佛陀眞的什麼都沒有說，我也沒有看到任何變化。我無法了解這一切究竟要告訴我什麼，只知道很寧靜而已。」

菩薩說：「佛已經將解決一切問題的因果，清楚的告訴你了。人的心中會有苦，是來自於想要抓取萬物的過程，不想親人離開、不想讓愛的人離開，希望所有事物的變化不要脫離自己的想法，但在佛的心中，任何問題、心念與一切外在事物，早已無法勾起祂任何的情緒，祂是要讓你明白，一切的過程他早已經歷過，唯有好好的經歷，才能在過程之中解脫。當你在事件中重複的感到痛苦，最大的原因就是因爲你執著於是非對錯。如果你想要解脫，請好好的經歷每件事情發生的當下，去清楚感受每一個人當下的心境，便能從這個過程中解脫。這是一份對人生經歷的眞實感受，未來，更要好好的經歷此生。」

佛在人世間，讓人感受到的是對生命的一種品質，祂用生命去實踐「法」，而讓這一切過程的因緣變化，被記錄下來成爲「佛經」。佛經的根本心，是記錄佛陀的經歷，人們該學習的是佛陀經歷人生的心，而教條式的理念，是佛陀在眞實經歷過人生之後，所體悟出來的知識。知識本身是有限的，讓知識轉化成智慧的關鍵，是用心體驗過知識後，淬煉而出的精華。

佛經之所以有力量，是在誦讀的當下，將其經文的能量迴向給眾生的靈魂與冤親債主，這些能量將會協助正在學習或者是受困的靈魂，在生命的過程中，慢慢得到解脫的力量。

一、認識現今世界環境：過度開發，已使得傳統風水觀澈底失靈。

在這個美麗的藍色星球中，蘊藏著大自然中最偉大的力量，那就是所謂的「風水」。在這個大環境中，能夠帶給大家善磁場影響的，就是人們常常在講的風水，而真正的風水是什麼？

在許多諮詢的個案中，我常常有需要到個案家裡幫忙調整居家磁場的機會。看風水這件事，都是在菩薩點頭認爲需要的情況下，才會由我親自到家裡爲大家清除負面磁場，透過家裡物件的擺放調整，幫助這戶家人可以透過菩薩祝福的力量，眞正的「安居樂業」。

在這個篇章裡，菩薩將闡述現今的社會環境，風水已經慢慢失靈的原因。許多人對於風水的認知猶如教條式的背誦，但這一切的根源，原本是來自人的感受。中國幾千年的智慧累積，皆來自於人本身，而「風」與「水」這兩大元素，一直深深影響著人們的身心健康。

在菩薩給我的訊息之中，所謂的「風」，最根本的意涵是空氣的新鮮與流動，如果看得更深入，還包括空氣之中微小粒子所蘊含的許多能量，而維持空氣粒子豐沛能量的重點，在於陽光。

陽光不充足的狀況下，空氣中的粒子就會萎縮，甚至產生不好的能量滯留現象，並且就會有異味產生，許多居家的塵蟎與黴菌就是無形之中慢慢形成的。

在「風」的元素當中，主要會影響人們健康的關鍵，就是溼氣。看似輕鬆的兩個字，卻深深影響著人們的健康，溼氣太重的地方讓人容易生病，且不容易痊癒。若是長期待在溼氣重的環境中，身體會越來越差，若溼氣深入到人的五臟六腑，更是一件難以處理的事情。

而「水」，更是人們每天爲身體補充能量與代謝的重要元素，純淨的水帶給人滿滿的礦物質與代謝的能量。重金屬污染及輻射污染，隨著河川流入水庫，大自然慢慢變得不再自然，人們想要留取水資源的心念，反而讓水容易受到污染。

菩薩爲何說風水已經失靈，如今卻又在幫人調整風水？

因爲，傳統風水觀原本是中國幾千年來所累積下來的智慧，之所以會慢慢失靈，最大的原因是因爲社會環境的巨變，風水的根本原理是藉由大自然磁場的力量，透過人們陳設、採光及房屋座向而產生正面能量的影響。然而美好的大自然，因爲人們的私心私欲而被大量破壞，生命的根源來自大自然，隨著大自然被破壞，風水的影響力自然也跟著同時減弱。

面對二十一世紀，風水已逐漸失靈，人們需要從中有更多的自覺。

菩薩所建議的風水

淨化磁場

當我走到個案的房子裡，菩薩會先讓我大致繞過一圈，首先確認這個環境中整個空間的分配概念，接著菩薩會請我用鹽米水或者是使用檀香來做空間淨化。整個過程中，我們會移除空間中多餘的訊息，請菩薩與裡面的地縛靈做溝通及轉化。

靜化磁場

第二個階段，由菩薩透過音叉及西藏丁夏的力量，用高頻的音頻震波，讓空氣之中的磁場完全安定下來，使居住在這裡的人們，能夠心神安寧，安居樂業。

敬化磁場

最後階段，菩薩會請我與這家人溝通，把祝福的心念放進這個空間來，使能量無限擴張的除了善念之外，菩薩要求大家用溝通取代爭吵，用理解轉化個人的情緒。當大家都準備好了，菩薩就會透過儀式，將先天正能量的磁場引動到這個空間來，並爲大家啓動運勢。

居家環境中，個人想要淨化磁場的話，可以在家裡點燃艾草或者是西藏的除障草，即可獲得明顯的效果。

菩薩在上面所提到的淨化方法，請有感應磁場能力的朋友只需用艾草淨化環境即可，切勿增添任何儀式以免淨化的過程中不小心引動了靈界磁場，造成不必要的痲煩。

二、莫因靈修而使靈魂被邪靈入侵傷害

許多在新時代或是傳統宮廟出來，具有感應力甚至會靈動的朋友們，請大家務必非常小心這個環節。

很多朋友在靈修過程中，會有靈動或是傳統乩童訓體的過程，菩薩認爲這是一種靈媒現象。在整個過程中，需要時時刻刻注意自己的心念，當你有任何的貪求，就會使一切走入不對的狀況。

菩薩提醒，任何一種靈媒現象都允許被發生，但是人們需要一份正確的認知，才能幫助到自己。

所有的靈媒現象，會在過程中讓你與諸佛菩薩有所連結，這些現象是讓彼此的頻率接近，我們將之稱爲「接天線」，諸佛菩薩會透過「接天線」幫助你穩定磁場，接穩天線的頻率。

許多前來諮詢的朋友們，會有某些特殊的情況。例如，有一位老師告訴這位朋友，如果沒有出來辦事（爲神明通靈、爲人解惑），你的身體會越來越糟，此時他的身體的確出現了某些病症，讓他困擾不已。當他來到菩薩面前時，他已經把自己搞得灰頭土臉了。但我告訴他，自己的人生要自己把握。

菩薩要我告訴他：「人會生病，是長久以來我們對待身體不夠自覺，忽略了飲食及生活習慣所造成。在這個階段，可能會有通靈老師告訴你，這一切的問題是來自於你沒有爲神明辦事，但事實上，如果你繼續用錯誤的方式對待自己的身體，怎麼會不生病？你的身體已經受不了你的生活方式所帶給它的負擔，所以才會產生疾病。最快的處理方式就是多喝純淨的水，每天配合五種顏色的蔬果，並走入大自然，運用大自然的磁場整合自己身體的頻率，才能增加源源不絕的生命力。」

許多朋友在靈修的路上，是從認知自己的個性，知道自己是誰開始。每個人都要爲自己的生命負起完全的責任，靈修則是用自己的生命完全經歷一切的變化，所帶給靈魂的意義。

三、許多身心靈機構已經成為假性正面的商業遊戲

走入二十一世紀的修行，菩薩認爲，大家可以透過身心靈的課程來了解自己，但不是反覆的依賴成性。菩薩要大家反思一個問題，如果今天這些機構都不在了，你還能好好活著嗎？

當你問過自己之後，便能了解，「這一切都沒有那麼重要。」

當你開始有這樣的認知後，我們就可以更深入探討關於靈性這件事情。在我們整個的成長過程中，請你好好的思考，如何將靈性而美好的生活帶入自己的生命當中，這個過程絕對不是爲了讓自己也成爲一位身心靈老師，而是讓自己找到生活的力量。

最近這幾個月，我自己也陷入了迷思。原本以爲自己已經經歷得夠多了，對於身心靈相關的整個系統架構，大多的課我都親自去試驗、體驗過，了解到多數的身心靈課程，主要是讓人去感受、體驗身心的平靜與安定的。

直到我遇見了某一次的課程。過程中，我非常相信帶領我的老師，確信他的確帶給我生命一些新的思考模式及力量，我甚至將之一一實踐於我的生活當中，我開始認眞去面對我身邊所有的關係。這一路上，菩薩讓我清楚的經驗整個過程，祂常常不發一語，因爲祂認爲這一切都是對我有益，並且具有學習意義的事情，無論我在過程中感受到喜悅或是產生挫折，祂都讓我如實的經歷。

菩薩從以前就教導我：「來到你面前的每一件事情，都是你的功課，請你好好的感受及經歷。」

到現在仍是如此。菩薩認爲我依然比較相信眼前所遇見的每一個人，所以祂讓我持續的經歷這些事情，並且讓重複的事件在我眼前經過。到了這一次，我才深刻的體會到，每一個來到我們面前的人，都有著你我所需要學習的課題。

說得更深入一點，我們會看見這些人都是你我生命中的一部分。如同前面章節所提到佛陀的故事，在佛陀面前，任何一切都無法勾起祂的心念，而反觀你我，會讓我們想要回應、辯解、解釋、說明、怪罪他人……種種反應，都在於我們已經被勾起了情緒，而之所以會產生情緒的最大原因，就是來自於自己還沒有完整經歷過這些事情。

舉個例子來說，「當我們在批評他人時，你和他都是同一種人，所以才會批評他。」菩薩告訴我：「大方的人不會批評別人小氣的，只有小氣的人才會批評別人小氣。」我在這個當下，看見自己就是那個小氣的人，所以在意這一切。當我看見自己也有這樣的問題時，接納這個小氣的我，才能讓自己轉化成爲一個大氣的人。

在身心靈機構中，雖然大家都在談成長與激勵，但最終卻在過程中產生了許多的比較心。例如，誰上了較多的課比較厲害，誰在過程中得到較多神奇的體驗，誰又有能力幫別人治療、療癒……等等，這一切的一切，雖然都是在身心靈提升的範疇內，但這還是比較。

如同我曾向菩薩問過，「菩薩，我可不可以學習閉關一個月好好的打坐修行？」菩薩回答我：「所以你要『逃避』一個月？」一席話完全打翻了我的想法。我又接著問菩薩：「菩薩，可以告訴我使自己走入揚升的方法嗎？」菩薩回答：「眞正的修行就是去經驗，作爲『人』就是好好的去學做人的方法，當你做好自己之後再來談揚升的方法會更適合。」

這是我開辦座談會四年以來，與菩薩最清晰的一次對白。菩薩告訴我，二十一世紀並不需要那麼多的身心靈機構，好的身心靈老師，應該是那種大家可以去諮詢，以及引導人們看見自己生命問題的對象，而不是帶領大家共同去逃避現實問題的人，那些都是假象。當我們清楚認知到這一點，就會知道好好過好自己的生活，才是最重要的。

第四章

安定身心與靈魂修行

這些年，大家都辛苦了。

我們花了太多時間在許多不重要的事情上，我們總是非常在意別人的言論，不是只有你，我也是。

這些年來，我學會一件事情，就是不要把自己定位在聖人的角度上，因爲這樣的形象會讓我陷入痛苦，不能有該有的情緒與生活。你也是這樣嗎？經常把「心靈、轉念、放下、修行」等等字眼掛在口中。

自從我擔任「神譯者」開始，我所說的每一句話，在聽者心中都有著相當的分量，他們會在內心默默的爲我打分數，大家把心目中的良善化身放在我身上。現在許多坊間的老師，可能繼續扮演著這樣善良化身的角色，很多人甚至依存著這樣的模式生活。但，這眞的是對的嗎？

在我出版第一本書之後，慢慢被大家看見，自然也經歷了各式各樣的檢視與討論，同時我也在這個過程當中，看見許多的「人性」。

一、修行：就是修正行為、安分守己，做好自己才是對社會最大的貢獻。

這裡，我們好好來談修行這件事。菩薩這幾年的教導，多以陪伴的方式與我相處，過程中，我也會陸續去體驗許多優秀的身心靈老師的課程，在我內心深處，我深深的感謝這些老師們，他們的確讓我得到許多力量。

有人質疑，既然你會通靈，爲什麼還要去上課？

菩薩的教導，是以各式各樣的形式存在的，請大家記得：「所有來到你面前的人，都是你另一個縮影與投射。當你認眞去學習，將會有不同的視野，看到不同的自己。」在現實面，許多通靈人容易受限，因爲堅持在自己所學，所以這輩子或許可以幫助到某些人，給予別人一些指導，但這畢竟是有限的。菩薩可以給予我們生命的教導，但是「多聽、多看、多感受」各種生活經歷，才能將菩薩的教導放入自己的心中及生活當中，好好的實踐。

解決問題沒有捷徑，認真生活才是關鍵

我是一個很容易相信與認眞的人，在某些過程中，我會更深入的思考這些問題，但這些年來，我的身分也造成不少的困擾，我不能再用匿名的方式在這個環境學習了。因此我請問過菩薩，是否可以透過閉關方式得到更高的智慧？但菩薩卻說，閉關是在當我們完成世俗的功課到一個階段之後，才需要去經歷的修行方法。

「生活之中的修爲與提升，是透過實際生活的經歷所得到的。」相信大家都知道這個道理，但我請菩薩以不同角度討論這個問題，讓大家知道更深的意涵。

不少人面對人生的問題找不到答案，所以來修行，希望透過這個方式解決問題，讓關係變得更好。但我們偶爾會從社會新聞上看到，有人花了大把金錢，甚至與所謂的宗教老師發生不正常關係，更有甚者把自己的孩子也獻上。看到這類新聞，我往往會很生氣，爲什麼有人會受騙上當呢？

菩薩在我看到這些新聞時，告訴我：「他們失去了面對自己人生的勇氣。」其實發生

這些事情都是有跡可循的，可能一開始是他們婚姻出了問題，或是人際關係發生重大挫折，例如老公外遇、朋友離他而去……等等。

首先我們可以知道，他們去找老師的第一個心念，就是覺得自己沒有能力處理，想找老師幫忙提供意見。一般人在面對問題時，如果覺得自己處理的方式不會圓滿，的確可以去請教老師或朋友，這絕對是正常反應。

但所有的問題，往往都是在第二個心念出現時才會發生。來到這位神棍的工作室之後，如果聽到老師告訴他，你的婚姻問題或是其他問題，需要透過靈修或是雙修來解決，一般人聽到這樣的話應該都不會相信，甚至嗤之以鼻（在這裡，我略過這些神棍哄騙取得他人信任的過程）。多數人會拒絕其提議，並且感覺到不對勁，但爲什麼還是有人願意相信，並且遵照辦理呢？

受騙的人之所以會被騙，就是在求助的過程中，產生了「不想透過自己的力量處理問題」的心念，這也可說是一種貪念。

當他起了這樣的貪念，想要透過一個雙修（指性愛交易）的過程，處理老公外遇或是其他自己必須面對的問題，其思想與行爲已經產生了偏差。

利用他人的神棍的確可惡，但會被謊言欺騙的人，雖然你們遇到了人生中的難題，但菩薩要在這裡告訴你們，任何問題都不是透過這種模式所能處理的，人的問題需要自己去解決，而所有的外人（包含靈媒及其他所有的人）都只能提供意見給你參考而已。

在這裡你會看見，一個騙人的神棍與一個被騙的人，內心都有一份貪念，騙人的人貪圖美色、金錢，被騙的人貪圖透過交易換取想要的東西。換個方式說明，如果有位出家師父告訴你，透過跟他發生關係或是捐大量的金錢就可以成佛，如果你心動了，那麼跟前面的例子一樣，就是不想自己好好認眞去體驗經歷人生，而想走捷徑。

我們的心如果起了這類貪念，不但解決不了任何問題，更是適得其反，反其道而行，離解決問題的核心越來越遠了。

二、靈修：學會靜心面對自己，回歸本心安定人生。

如果你翻開本書，直接找到這個章節，並想要透過這本書找到靈修的方法，或是得到一些神奇的體驗（靈通），請你好好看完這個章節，菩薩將爲你找到答案。

靈修到底是什麼？

菩薩告訴我，我們「人」來到這個世界上，「在靈魂的深處，帶來了一個基本的密碼。」而這一組密碼，就如同十種靈魂個性一樣，是可以去探索、看到及了解的。然而在知道這些之後，我們又能找到什麼呢？

靈修的根本之意，是了解你靈魂的密碼，從這個過程中，加以修正及轉化。有人將這個密碼稱之爲業力（karma）。這組密碼到底是什麼呢？讀者們是否曾經想過，你爲什麼會出現在這個家庭？爲什麼你的爸爸、媽媽是這個樣子？甚至在你的生命過程中有著一些不好的體驗？

如果你想過這些問題，那麼你就掌握了這一組密碼了。在接下來的過程中，你必須去解開它。許多人是帶著這一組密碼離開人世，也有人會告訴我，他覺得當人太苦，想要找到解脫之道，無論如何，請你好好看完這本書，你自然能夠得到解脫且自由的力量。

來自上天祝福的靈魂密碼

在這個世界上，基本上分成男人跟女人兩種組合的靈魂模式，而性向是在這兩個組合之後所產生的。我們的父親與母親就是將這密碼組合在一起的第一份祝福，當精子與卵子結合之後，我們就會在母親的肚子裡開始孕育著。

菩薩說，在母親懷孕的十個月中，所有的胎教及父母親的情緒，都深深的影響著這組密碼是否會變得更加複雜，或是在母體的孕育過程中，透過心靈淨化的力量，讓密碼得到較好的轉化。

有些母親在懷孕的過程中，可能會感受到這個孩子特別的神聖，經歷了無比的好運，感受到好的能量正在推動著，透過能量的推動，告訴父母親他們有著神聖的力量。而在菩薩眼中，世界上擁有這樣神聖密碼的孩子越來越多，當他們解開這組密碼之後，將會帶給這個世界無盡的療癒力量。

菩薩要我說明得更深入一些。原來母親在孕育孩子的過程中，可以透過聆聽神聖經典，幫助他們在懷孕的過程中，爲這個孩子做許多的祝福轉化，讓孩子們來到這個世界時，可以有一個好的開始。

菩薩建議母親可以聆聽心經、綠度母心咒、藥師佛心咒、釋迦牟尼佛心咒、聖經經典等等。日本心靈歌手伊藤佳代在詮釋這些心咒時，是以祝福爲前提的歌聲來唱誦，所以這樣的音頻能量更有轉化的效果。以音頻能量來說，地藏經及普門品是以度化無形眾生爲主，較不宜在懷孕期間聽誦，因爲這將會招來其他好兄弟，容易有卡陰現象。

來到這個世間，有著許多豐富的人生功課等著我們，你我生命中所遇到的第一個男人與女人（父母），便主宰著這一切的發生。因此，如果你在人生的過程當中，甚至現在還處在受苦的階段，請你好好的了解父母的成長背景，或許從中就可以找到解開你生命密碼的關鍵。

這組密碼是什麼呢？

當你感受到事業不順、感情不順、心情容易低落，大多都是來自你在原生家庭中所遇到的人事物所決定。許多不易感受到快樂的人，內心總是孤獨的，總覺得自己是一個人，他的心無法跟父母親在一起，這也是人生裡所遇到的重要功課。許多人會好奇，這樣不是一個長不大的小孩嗎？

菩薩要大家看見，我們人生當中所遇到的第一個神，就是你的父母親，你來自他們的創造，無論這一路上你們之間發生了多少事情，或是有多少誤解，你都是來自於他們的愛與祝福之下產生的。

「人生父母養」，我們生活中或多或少都會聽到這句話，有些人可能會經歷現在的父母並不是自己的親生父母，但這些都沒關係，並不影響生命密碼的創造。如果有機會，請大家一定要去了解親生父母的生活背景，並且如實的去感同身受，他們過去曾經發生了什麼。

「沒有父母不愛自己的孩子，只有不懂得愛孩子的父母。」成長過程中，無論父母親是不是自己的親生父母，都請你去看見這一切的發生，因爲當你靜下心來發現發掘，了解父母從小到大的成長環境與生活背景，你就能夠明白，你的父母爲什麼會這樣教導你，而讓你產生了種種感受。

舉個例子來說，父母親小時候可能家中經濟環境不好，他們的父母都在外面工作，經常讓他自己一個人待在家裡，因此心中產生了一種孤獨感。看到同學下課後有錢去買零食吃，去補習班學才藝，他就會在心中告訴自己，如果將來我有錢，一定要對自己的孩子好，讓他們不會感到孤獨。

然而，你的父母爲了給你很好的物質生活，不得不努力工作，下課之後將你送去補習班學才藝，讓你得到充分的學習。可是你心中仍然有一份深沉的孤獨感，因爲你什麼都有，卻感受不到父母的關心疼愛。解開這組密碼的關鍵，就是讓你與父母都受到關懷的感覺，當雙方跨越關懷彼此的這一步，這組密碼就被解開了。

三、靈修與修行：自己的內心都有一尊大佛，跟隨直覺，順遂人生。

聽到「自己的內心都有一尊大佛」這句話，有沒有一種老掉牙的感覺？因爲多數人並不相信這句話，認爲「心靈大佛」只是一個虛妄，一種想像。然而在這裡，菩薩要爲你清除這些不眞實的感受。祂要告訴你，這尊大佛是具有無上慈悲及神聖能量的一尊佛菩薩，或者你可以將祂稱之爲神，祂正如實的在你的生命中活著。

你可能會好奇，我爲什麼這麼說。這是因爲你心中的這尊大佛，可以實現你的任何願望，祂同時也是你的另外一個神聖化身。舉例來說：「這個心中的神或者是大佛，祂是具有無上力量的，祂可以讓你心想事成，擁有豐盛的物質生活，但這其中的關鍵在於，祂也是你的一部分，和你擁有一樣的個性。」

仔細說明，如果你是一個別人交辦你一件事情時，你會一拖再拖，拖到最後沒有辦法才去完成的人，那麼你心中的神或著大佛，也是一樣的。祂會如實將你對祂的請求，用你對待他人的方式去對待你。你將會明白，這就是為什麼你許下的願望無法這麼快實現的原因。如果你希望自己是一個常常領受到上天的祝福並且心想事成的人，那麼在你的生活當中，也要用同樣的方式去對待他人，自然而然，你的神與大佛同時會給你無上的祝福與恩典。

許多人往往外求於神佛加持，這其實是大同小異的，佛菩薩也會端看你實現自己人生的態度，決定要給你多少恩典與祝福。也因此，當你用正確的思考角度去面對人生，這樣的力量將會永無止盡的擴展出去，也會有無上的力量推動著你。

四、心靈靜坐：沉澱內在，轉換念頭，開啓全新人生。

現代人的生活大多是忙碌的，不少人甚至會陷入一種窮忙的狀態，頭腦的思考是混亂的，這樣會讓自己進入一個無明的狀態中，搞不清楚自己是在為誰而忙。但是當你讀完前面的各個章節後，相信你將有一個巨大的發現，你會清楚知道自己是誰，來到此生的目的是什麼。

現代人在日常生活中，需要透過一個心靈靜坐的方式，讓自己的心靈與身體進入更深的安定。請大家找一個舒服的空間，將所有的燈都關掉，留一盞光線柔和的小檯燈即可，你可以用舒服的方式盤坐在座位上，點上精油薰香或精油蠟燭，一邊播放安定的心靈音樂，幫助自己穩定心情。

然後靜靜的深呼吸三次，當你深呼吸完之後，告訴自己：

「祈請諸佛菩薩的力量，讓我是安全的，在這整個過程當中，我將自己交託給菩薩，讓我看見與體驗真實的內在力量。」

在這整個過程當中，你可以先觀想自己的父親與母親，當他們出現在你眼前時，請你對他們說出能夠清理深層業力能量的四句話：「對不起，請原諒我，謝謝你，我愛你。」

請你靜靜的徜徉在整個過程中約莫十到十五分鐘，一個禮拜三到四次，你的直覺能力及靈魂覺醒的程度，將會有大大的提升。

第二篇

淨化心靈

清除障礙，轉換人生

第一章

魔鬼並不可怕
可怕的是心魔

許多人在生活當中，只要感到不順遂，很自然就會把自己的不順與窘況，怪罪給大環境、國家、父母等等。在這個章節中，菩薩要給予大家的是透過自己的力量去發現問題，靠自己的力量與直覺的引導，清除障礙轉換個人的運勢。

在此章節，菩薩特別提到關於魔鬼的概念，讓大家認識魔靈的存在，與如何面對這些無形世界所帶來的訊息，以及如何讓自己不受到驚嚇。之後將與大家分享的是，現今熱門的社會議題、預測未來社會的走向，在菩薩眼中，萬物衆生都是平等的，當越多人了解到這一點，一切就會越來越好。

一、魔鬼也會保護世界

寫這篇文章之前，我的內心有著許多的預設立場。說實話，我是想躲避寫這篇文章的，因爲我喜歡正面能量的事物，相信在本書面前的你也是一樣。而這篇文章，究竟要訴說什麼樣的故事呢？

在閱讀文章之前，請你靜下心來，邀請自己內在的指導，幫助你看見菩薩所要帶給你的知見，而不是文字中可能表達得不盡完美的誤解。此刻的我，內在正充滿著平靜，有著滿滿的能量支持著我，請讓我用正面力量的角度，讓你看見惡魔不是絕對的惡。

在周星馳導演的電影《西遊：降魔篇》之中，已將惡魔的眞義完全的詮釋明白。在諸多惡魔與惡靈的最初，也都是無比單純的善靈，但由於對生命中痛苦記憶的「誤解」，而使他們成爲了「魔」。

眞正的惡魔並不可怕，在人們心中，在無數當下受到挫折時，讓人陷入無窮無盡苦痛的「心魔」才最可怕。要怎麼樣才能讓心魔離開呢？

看清楚什麼是魔鬼

魔，在菩薩眼中，只是住在人們心中，由於對「生命的誤解」所產生的恐懼、憤怒、失望、無奈、悲傷，所餵養出來的能量體而已。

鬼，是人們離開人世，脫離肉身之後有意識的能量體，所以在親人離開後他們可以入住神主牌，可以透過「擲筊」或是靈媒的溝通，讓我們可以知道親人的現況。

魔鬼，就是兩者所相加之後的狀態，所以魔鬼具有「魔性」，就是在能量上有很強大的負面頻率，及有「鬼」的善性，在某些人入魔的狀態中，菩薩會透過儀式與能量的引導，讓這個強大的魔性完全的被鎖壓住，而在其過程中，會透過我的引導，讓這個「鬼性」，也就是這個靈魂最初的個性，被引導出來作爲溝通，試圖在溝通的過程中，看見「魔鬼」最原始的樣貌。

還記得在《西遊：降魔篇》裡面的那三個角色嗎？他們就是典型的魔鬼，我們可以從電影情節中看得非常清楚，這些最原始的魔鬼，都有無比善良的一面。

在這裡，菩薩就扮演了玄奘的角色（降魔），但在許多入魔的個案當中，我們不免發現，當入魔程度越深，時間拖得越久，事情也就越來越棘手。

因爲時間越久，原始靈魂的善良就會被魔侵蝕得更加嚴重，所以當你發現周圍的朋友正在入魔階段，請幫助他找到對的老師，或是帶他到大佛寺中，請求諸佛菩薩協助化解。（在下面文章當中，我們會教導大家如何認出「入魔」。）

二、有謊言就有魔鬼

在寫這篇文章的當下，菩薩要我端看自己，雖然身爲菩薩的譯者，但在生活中難免仍會犯下一些錯誤，包含了說謊。菩薩說：「無論善意或是有意，都是謊言，謊言會引發更多的謊言來到你身旁，當你選擇離開『謊言』之後，你便是眞正的解脫。」

菩薩在告訴我這個當下，我自覺慚愧，因爲我必須說，在擔任這個角色的剛開始，我並不是準備好的，所以有很多本身的習性仍一直存在，到了爲菩薩翻譯的第四年，我才開始正視這個我無法不去面對修正的課題。

過去我非常抗拒修行這件事情，而修心修性對我來說，我必須轉化許多因爲這個角色所帶給我，必須馬上成長成熟的壓力，我相信在我身旁陪著我一路走來的所有人，可以見證這一切，因爲我也是「人」，必須去學習。

這些年，我上了不少心靈成長課程，菩薩在過程中只是靜默觀察著一切，因爲祂認爲，這是我自己所選擇的，從中必定有所成長，但我更需要「深刻」的學會。

看見謊言的存在

在寫這本書的過程，我遭遇了菩薩許多修修改改的建議，從不服從到接受，是我寫這本書所面臨到最大的困境。第一本書，並沒有任何的大綱，將每個個案集合在一起，每寫一篇就命一次名，累積到二十一篇就出版了。第一本書在沒有什麼宣傳的情況下，也有不錯的銷售成績。

進入第二本書，考驗很多，我經歷了許多人事物的變化，菩薩說：「你必須學會將所有的逆境，當成每一次成長的機會。」我想我很認真的在做這件事情，相信我身邊的人都看見了，我想要在每一次經歷生命重大課題時，學會不閃躲，也學習當下承認每一件自己做錯的事情，因爲無論是有意或是無意的錯誤，都是需要被承認的。

許多周圍的朋友會爲我抱不平，但我仍然堅持用菩薩的方法去承認與面對一切，無論自己遇到什麼樣的情況，就是需要做到「坦誠面對」。

「破除謊言」對一個人來說，蘊含著很大的意義，因爲我們若是已經接受了現在的自己，就不需要編出任何一句謊言來掩飾或包裝自己，因爲我們都是「眞實的活著」。

三、魔鬼與神靈的關係

這幾年當中，有些朋友看到了我的第一本書而找上我，想要透過菩薩的回答或是菩薩的方法，讓自己接觸到神靈。

我總是告訴這些朋友，諸佛菩薩一直在你心中「活著」，祂們的顯化程度，也就是人們需要靈驗感受的程度，是由你的心來決定。

「生活就是你的神。當你怎麼去對待你的生活，神就會用什麼樣的方式去對待你，當你學會感恩你的生活，神將會用最好的方式去回饋你。當我們同在一起，神眞的與你同在。」

請你用心閱讀上面所引用印度聖者所說的這一段話，祂們如實的存在於你的生活當中。相對的，「魔鬼」也是以同樣的形式出現在你的生活裡。當你對你的生活，總是用貪婪、恐懼、憤恨來對待生活，那麼魔鬼也會慢慢由此靠近你的生活。

由此可知，在入魔的初期，或是接近入魔的人，貪婪、恐懼、憤恨這三個元素，將會如影隨形的貼近他們的生活。

讓這股力量化解最重要的力量，就是讓他們了解貪婪、恐懼、憤恨背後的意義，可能來自他的原生家庭或是他的親密伴侶，甚至來自於成長過程中的挫敗，當他們可以有勇氣面對這些情緒（貪婪、恐懼、憤恨），魔鬼自然就會遠去。

魔鬼與諸佛菩薩的關係

一定有人這麼想，如果魔鬼出現在人間，為什麼諸佛菩薩不直接將他們清除就好，還要透過人呢？我在這裡會為大家說明，為什麼這個關係如此微妙。

魔鬼最終的目的是讓人變成魔鬼，以讓他們產生強大的群聚力量，共同餵養這樣的負面能量，而這一切的根源，是來自於魔鬼的心是孤單的，他們需要用群聚數量來證明他們是強大的，所以他會走入人間與人性拉扯，考驗人心。

諸佛菩薩是要讓人們懂得如何面對魔鬼，而這些魔鬼也都是由人所轉變出來的，所以最終的根源，還是來自於人心。佛家在談的心魔，就是如此眞實的在我們面前顯化，唯有讓心魔完全消融，才能讓自己完全的轉化，並相信自己內在有著強大的善能量。

菩薩與魔鬼，就如同警察與黑道間的關係一般，以能量來形容，可以用太極圖來比喻，這兩股力量，交相支持著這個世界，讓我們懂得了「全然」兩個字。我們接納了這樣的力量，那麼魔鬼就不會對我們造成恐懼及威脅。

這段時間，我有空會去上上其他老師的課，在一次上知名作家亮軒老師的讀書會中，他談到了王鼎鈞這位當代文學作家。

他是一位經歷了許多歷史事件並且具有細膩文筆的優秀作家，我在閱讀他的「九十回顧自述」時，可以感受到他是一位在儒家的家庭環境中成長、虔誠信仰基督教的人，然而就在他經歷戰爭之際，他的信仰破碎了。當時因爲戰爭，許多壞人冒充成好人，平常時日，一般人只會想著如何好好的活著，但在戰爭時期，卻想著「如何讓別人死，或者是讓別人一起死」。作家的生命經歷讓我進入了更深的思考中，如果我是鼎公，我還能有同樣的勇氣去信仰菩薩嗎？

但作家經歷了這一切之後，他訴說自己的生命故事，就彷彿散落一地的落葉般，直至他到紐約接觸到佛教，才讓他重新將生命中的落葉一片又一片的撿拾起來，開始讓自己的生命慢慢的完整。鼎公並無力刪改任何歷史，他選擇了接納這一切，他的生命因此就完整了。

現代人所接觸到的恐懼，絕對不會有那個時代，隨時可能會有一顆手榴彈滑進你所躲藏的防空洞，讓你不知道自己能不能活到下一秒那樣的恐懼。但是在鼎公的人生當中，他用佛經中的八個字，轉變了想法，也由此改變了一切。

「虛空有盡，我願無窮。」這八個字完整了這個人。我們可以深思自己的人生，我們認為這一片虛空如此的廣大，它可以容納萬物，而我們的心願卻可以比虛空更大。

我是一個與菩薩共同分享這本書內容的作者，我將一切經歷無條件的交給了正在閱讀的你，我們是用生命的經歷在撰寫這本書，這裡沒有一流的文筆，只有一顆單純分享的心。

菩薩寫到這裡時，要我告訴大家祂所想要說的話：

「這些年，大家都辛苦了！有機會讀到這本書的朋友們，你的生命都將因此而有所改變。請將你的所見所聞，以禮物的形式，贈送給生活中每一個來到你生命裡的緣分。」

一念，覺醒

每一個靈魂都有祂存在的意義，不要被他的「顯相」所嚇到了。

「無論是神、是魔，他們皆有一顆善心，諸佛菩薩只是顯化善的一面在你們面前，而魔是將人們心中壓抑的情緒以擴大的形式，讓你看見原來一念之間竟有這麼大的差別。」

菩薩告訴我，人心是所有一切萬物的根源。

許多人渴望通靈與覺醒，但在這之前，請好好端看自己的內心，是否眞正的安定。當你的心眞正安定，那麼通靈與覺醒，也就只是一份意外的禮物罷了。

這本書對每個人來說都是非常重要的教導，它是關於我與菩薩這幾年來爲大家傳訊的心得總匯，以及菩薩要透過這次機會教導大家，更加清楚明白許多的事理。現在，請你閉起眼睛，輕輕的做三次深呼吸，讓菩薩要帶給你的教導，深入你的內心。

四、認出魔鬼：貪是萬魔之因

在這個篇章中，菩薩將要帶領我們對魔鬼有更深的認識，那就是，一切的根源爲「貪」。這篇文章對你我來說，是對地球上的黑暗力量有更深入了解的機會，正因爲他們仍在黑暗之處，所以需要光的力量。

在我心中，每一個魔鬼都在等待救贖，他們渴望著愛。但他們的行爲與一切行動都是在推開愛，這很矛盾，但也很頻繁的出現在我們生活當中。

菩薩說：「這一切的根源，來自於『貪念』。」

在許多個案當中，多數人會求菩薩給予他更多的好運與機會，但如果你沒有做好準備，這些機會並不會讓你變得更好。

五、去除魔靈靠菩薩，遠離魔靈靠自己

寫這本書的大願，就是希望讀到本書的朋友們，能夠從文字中找到屬於自己的力量，並且在閱讀過程中了解到，原來看似迷茫的靈界以及看不見的心靈世界，其實充滿著無盡的力量。

這次的寫作過程也波折不斷，尤其寫到「魔靈就是源自內在的心魔，能讓心魔在心中源源不絕助長的，正是你的欲望及貪求。」

在寫這本書的過程中，原本有著許多的期望，但每每寫下一句菩薩的言語時，我就會深深的反省，希望這本書能夠完全、完整，因爲這是「菩薩」的話，而不是我的，所以我不能將太多個人的期望放在這本書上，而要讓這本書能夠實實在在充滿著「菩薩的願力」。

判別魔靈，驅除魔靈

當今社會，眞正的魔靈，是在這個資訊發達的世界中所製造出的產物。人們貪快，且囫圇呑棗的收集許多網路資訊。在廣大的網路世界中，卻隱藏著各式各樣的誘惑，其中包含了毒品的販賣，或是許多不實且負面的文字內容。

言論的自由，促使這個世界需要有更多的「自我覺察」，確認對我們的身心靈會不會造成更大的傷害，或者這只是一時的欲望發洩。

眞正會入魔的人，是過度執著於一件負面事情，而產生強大幻象的人。這樣的人，不但實際存在於我們的社會，且無論在哪個產業或是什麼樣的環境，都是存在的。

在座談會的個案中，的確有許多實際的例子。三年前，我曾到一位朋友家裡，爲他家的神像做退神的儀式。

當我看到神像時，我心裡明白，這座濟公佛像裡面住的是魔。「這裡沒有你的事，不要多管。」我在當下跟這個魔靈說：「你應該去找自己的主人，在這裡你只是被利用。」話說完，就跟他們家人約時間進行退神淨化。

那時候的我，僅憑著直覺連結菩薩，就開始進行退神儀式。我先從他們家裡布下結界，念咒語請神明以傳統儀式將裡面的魔靈退除出來，再將佛像封住，讓他們請回原來的宮廟，之後，他們家裡莫名的厄運就解除了。

人們若是被強大魔靈附身，或是家裡神像有魔靈入侵者，家中運勢與個人運勢會突然變得很差，臉色也會莫名的蒼白，常常大熱天裡卻會感覺到陰冷。

所以當你看見一個人身體很差，跟他在一起感覺很不舒服，覺得磁場怪怪的，說話容易進入極大的憤怒情緒，那麼很有可能他就是入魔了。

第二章

解決世代問題的唯一方法

親愛的讀者們，在這個磁場混亂的社會，看見問題一層又一層的出現在我們的生活中，當你起床開始一天的生活時，可能會覺得，爲什麼總是有許多事情等著你去解決；在閱讀的此刻，或許也有許多事情正在等你去處理。

重要的不是模仿，而是「體驗」

在二十一世紀，菩薩認爲這些事件的發生，就是無時無刻要我們去深刻了解，當你在面對生活時，你有很多體驗的機會。

你或許會覺得很奇妙，菩薩怎麼會用這個方式來詮釋。菩薩認爲：「生命的過程就像是在一所遊樂園中，我們會用自己的方式去玩樂人生。」

菩薩認爲：「有些朋友一生可能都在遊樂園的咖啡廳度過，但也有人要在離開遊樂園前，決定集滿每一個遊樂站的點數，實實在在去體驗每一種遊樂設施。」

每個人的選擇都不同，在這個資訊發達的社會中，我們看到許多人在好好經驗著這場遊樂園遊戲。而在過程中，可以專注於遊樂過程的人，才能體驗到眞實的快樂。

那麼不快樂的人呢？

因爲資訊的發達，我們很容易看得到，有許多人正在觀看周圍的人怎麼玩得這麼快樂，因此也想要用同一種玩法模仿他們，以爲這樣就可以得到快樂。但是就他在模仿的當下，卻忘記了自己現在所體驗的這項遊樂設施。

人們汲汲營營的學習如何成爲一個更快樂的人，但是卻忘了自己在當下所正在體驗的是什麼。

放手，才能讓結果趨近於圓滿

快樂，是使自己成功的最佳途徑，在還沒到達之前，我們首先會經歷的，就是讓自己學會放手。

我在寫書的這段時間，實實在在的感受到菩薩的教導，祂不斷讓我經歷了許多事情，原來都是跟我的心有關。從「一夜之間產出新書大綱」，而讓我不斷感到驚訝讚嘆之外，更深的體驗是停下寫作時，讓我透過許多個案，更深刻的去經驗祂接下來所要講的一切。

我必須說，在修改這幾篇稿子時，我面對了強大的截稿壓力，一延再延，能拖就拖，因爲不能交就是不能交，菩薩認爲稿子不能交出時，他會讓信箱完全的當機，然後當你面對祂要教導你的一切時，祂就會開口跟我說：「你沒有再一次經歷，你寫的終究沒有感情。」

每一次的教導使我更加的謙卑。而每次就在我決定用雲端硬碟來傳送資料給爲我修稿的經紀人時，祂總是嚴厲的告訴我：「你不能交稿，稿子寫的不完全。」於是我又打開書稿檔案，繼續修改這篇文章，談到更深的快樂與圓滿課題。

一般人對於「成功」的定義，大多是指「家人關係和諧」、「豐盛的財富」、「美好的婚姻與人際關係」一應俱全。如果，這三個選項足以用來形容「美好的人生」，那麼爲什麼我們無法擁有呢？

這是因爲，在這些選項當中最大的核心概念，就是帶著快樂的心情，全心全意的體驗。這就是解開這三大選項的密碼。

那麼，爲什麼討論「成功」一題，會放在「放手趨向圓滿」的篇章裡呢？

菩薩告訴我們，如果你能全心全意的投入你的工作、家庭與人際關係，那麼阻礙著你不能成功的原因，就是你無法將最後的決定權交託給老天爺。

菩薩的意思是，當你努力完該努力的，其他的就放手交給上天來幫你執行即可。菩薩認爲，如果你跟家人的關係不和睦，你可以努力的就是：「將尊重給予你所愛的人，在家庭關係之中，擔任你該擔任的角色。例如，你是女兒，就好好當一個女兒，在關係中最不需要的就是一位『教導者』，當你想要教導他人時，這份關係就會變質。」

菩薩認爲，在工作中最重要的是，一份全心全力的投入與努力，感受團隊合作的重要，給予對方成長的機會，每個人都很重要，千萬不要把自己當成不可一世的英雄，升遷與加薪自然而然就會發生，千萬別比較。

至於感情與人際關係，菩薩說：「每一個人都需要去感受彼此對方最深的需求，當你能感同身受，就不會將注意的焦點放在接受與付出，如此一來，這一切的關係只會越來越好。」

在這裡，你會看到菩薩在談的都是「自己」能夠做些什麼，而不是檢討對方怎麼沒有給我們回饋，一個成功的人會懂得無條件的付出，而一個只想著要有錢的人，則只會計算著自己的付出。或許兩個人都會有錢，但是懂得無條件付出的人是快樂的。

第三篇

敬化心靈

尊重才是改變的力量

第一章

原來（祂）們
一直都在

從第一本書到現在，其實很少正式談到關於諸佛菩薩的存在，因爲這一切的開始眞的太奇妙了，從第一次看見菩薩開始，我就深深的明白，原來這個世界上眞的有更高智慧的存在。

菩薩說：「從這個宇宙在一瞬間產生萬物的那一刻起，祂們就眞實的存在了，以量子能量的形式在這個宇宙之間流動，從地球的開始到現在，更加顯化在我們生活當中，祂們歷經了人各式各樣的情緒與愛恨情仇，從有所爲到無爲。」

當年諸佛菩薩運用靜坐禪定的方式，使自己的靈魂漸漸清澈，使自己可以清楚寫下對後代子孫的預言及提醒，所以產生了大量預言的資料。

我們在閱讀許多古書的過程當中，彷彿可以看見現代人們生活的眞實面貌，有人告訴我，這個年代叫做「末法時代」。菩薩認定，「末法時代」早已在人類決定共同重生的那一刻起，就已經結束了，那就是二〇一二年，從那一刻開始，使我們看見「活在當下」的重要。

在這本書當中，菩薩的言論充滿著與許多傳統宗教不同的想法，菩薩認爲在諸佛菩薩寫下立論時，早已將這個「超越時代與宗教的言論」放進了佛經，只是人們只看見自己想看見的，也因爲現代人偷懶不喜歡讀書看書，多數從網路上或朋友的言論中得知一些資訊，不但將之作爲自己的意見，並誤以爲這樣的資訊來源，就是短時間內所學習到的知識。

不是自己所實際經歷過的，都只是資訊，而不是智慧。也正是在寫書的過程中，實際經歷了菩薩所說的一切，我深刻的反思著自己的人生。

菩薩在教導我的階段，絕對不是像大家所想的一樣，祂會無時無刻的看著我，相反的，菩薩大多時間是「放牛吃草」，讓我學習自己生命的課題。我經常會體驗到別人早已提醒過的人事物，說的白話一點就是踢到鐵板。

我在與菩薩學習的過程中，我們的互動只有一件事情是彼此堅信的：「來到你面前的人，都是你內心的一個縮影，沒有眞正的壞人，而是在你面對他的當下，能否用學習的心態去讓自己得到收穫。」

人生有「順境」與「逆境」這兩種境界，在順境時，你會覺得身邊的貴人讓你感覺舒服，在逆境時讓你不舒服的，你會認爲是小人。但這些境界都是我們必須去經歷的，至於貴人或小人，更不能片面斷言。

因爲，「生活就是你的神。當你怎麼去對待你的生活，神就會用什麼樣的方式去對待你，當你學會感恩你的生活，神將會用最好的方式去回饋你。當我們同在一起，神眞的與你同在。」（摘自印度聖者之言）

一、卡陰：為什麼常拜拜卻招致陰魂纏身

隨著大地磁場的開放，從二十一世紀開始，你我多少會認識到一些具有感應磁場能力的朋友，甚至自己可以慢慢感受到好的磁場與壞的磁場。在能量磁場學當中，親近好的磁場就會帶給你好運，靠近不好的磁場就容易招來厄運。

菩薩看見宮廟林立，許多人認爲拜的宮廟裡，供奉的神佛越多，越可以帶給自己無比的好運。而辦事的通靈者則會告訴你，多神的宮廟可做的事情就越多。

菩薩認爲，一間廟宇的神明不需要太多，一位神明具有越高的願力，該廟宇就會具有多大的正面能量磁場。

目前台灣的廟宇大多以小型宮廟爲多數，而許多老師也透過經營宮廟的模式去謀取利益。在菩薩眼中，其實開宮廟並沒有太大的問題，關鍵是在這位主事者自己本身的修爲，以及他所請領辦事的令牌和令旗指令，是否與實際所在做的事情一致。

菩薩說，大部分的人主神皆只有一位，那麼許多宮廟林立，一間小小的宮廟就放了很多神明雕像，菩薩認爲，這早已成爲「人爲」因素了。坊間許多宮廟號稱「神明越多可做的事情越多」，但實際上，神明是存在於虛空當中，林立的佛像只需單一、單純，使人寄託及信仰，無需有過多的場面，這樣反而只會使人進入了迷信。

常常拜拜的人為何反會招致陰魂纏身？

很多來到座談會及個案洽詢的朋友，多數人會透過祈求諸佛菩薩以得到平安及祝福。但這裡所說「常常拜拜的人」，指的是將所有問題都推給諸佛菩薩的人，身邊一旦遇到事情，就到廟宇請菩薩幫忙，在這個過程當中，自己又沒有付出努力的人，是最容易被環繞在廟宇附近的鬼魂盯上，因爲只要有一絲絲的貪念，鬼魂立刻就可以感覺得到。

一個人的心念會在無形之中，幻化成周圍的磁場氛圍，如果你仔細觀察，身邊這些努力拜拜，生活中卻有著許多藉口而不願改變的人，臉上大多覆蓋著一層灰灰的氣場。

按理說，一個人這麼努力的拜拜，神明應該會有更多的加持力在他們身上，但菩薩要在這裡爲大家做一個解釋，上天所給予祝福的人，是對自己的生命完全負責任的人，那些努力過生活的人，上天才會給予加持力，幫助他走得更順遂。

二、二十一世紀菩薩存在的任務

在二十一世紀裡，我們會遇到許多有敏感體質的人，他們具有敏銳的感知力，或許連一般對磁場完全沒概念的人，也可以感知一二。在氛圍讓人感到奇怪或不舒服的地方，你就不會想久留，這就是磁場的影響。

在這個單元中，菩薩將會詳細的敘述，諸佛菩薩來到這個新紀元，要讓大家學習的課題是什麼。

二〇一二年之後，磁場強烈的變化，人們的集體意識上有著新的開端與改變，開始學習懂得愛自己，開始正視自己的內在課題。進入二〇一五年，我們將學習到這股「不得不改變」的力量，當你在這條生命道路上，無論你幾歲，你開始會有許多的生命課題（面對自己各式各樣的情緒，決定不再讓自己不快樂，生命最重要的人事物等等。）要處理，這一切的一切，正如火如荼在你的生命當中，一一顯化出來。

你會發現在這個時代，佛經的觀念需要被「實踐」到生活當中，你必須開始學習修正自己的行爲，當你修正的越多，你的生活品質與一切也會變得更好，這是千眞萬確會在你生活當中呈現的事實。

菩薩的存在只因為你我都需要陪伴

多年來，我們開始正視到，原來許多事物的變化，往往取決於自己的心念。

菩薩深深的明白這些事物的變化，所以祂知道人們在這個時代如果還在「怨天、怨地、怨他人」，他的生活便會不斷的經歷這些讓他挫折的事物。

如果你的生命有了許多的挫折，卻無法在短時間之內解決，心中有一種說不出的「苦」，我要爲你恭喜，你已經與諸佛菩薩連上線了。

諸佛菩薩在乘願的道路上，爲許多在生命當中遭遇苦難的朋友，給予最大的加持與祝福，祂會無條件的陪伴你，你只需要閉上雙眼，在心中呼喊菩薩三聲，請菩薩讓你感受到這股支持的力量。

我在寫書的過程中，自己也經歷了許多大大小小的事物，來問事的個案、座談會的安排等等，我很開心能夠用實際的經驗與體會，明白這段日子以來上天所要傳遞給我的訊息，正因爲自己眞實有這一段經歷，如今才能透過文字與大家分享。

你的生活「苦」嗎？

無論是一點點「苦悶」或是生命當中感受到巨大的「苦痛」，現在請你先跟我一起閉上雙眼，靜靜的告訴自己，我願意去承認，相信這個「苦」，並不是來自生命的本身，而是來自我對於生活的看法與觀點。

四年來與菩薩一起工作的這段時間，菩薩重複的告訴我這個觀點，但我卻一直無法實際的在我的生活當中去體驗、經歷它，因爲我仍舊認爲「苦」就是不好的感受，以爲不去看它就沒事了。

菩薩一直靜默的觀察著一切的發生，直到我經歷體驗了生命「痛苦」的感受，在相關的心靈課程結束之後，將一切經歷過的課程完整的整合起來，我體會到痛會消失，苦卻有機會再回來纏繞著你的不變定律。

原來當我整合轉化了，從承認「苦」開始，我要去面對原來一切的問題都是來自於自己，靜靜的觀察這一切的發生，停止「怪罪」這個行爲，從怪罪他人到怪罪自己，當停止了怪罪，了解到這一切的發生都是自己內在的自導自演之後，問題也就開始轉化了。

這本書裡提到一個很深的觀念，在菩薩眼中，來到我們面前的所有人都是有緣人。我們有機會拉你一把，甚至帶領你走向意識的轉化與提升，但一切的根源，就是要我們走入自己生活的過程。

這些時間以來，我經歷了許多特殊的個案，在這些個案當中，有許多人在身心靈領域當中頗有成就，有人甚至有很棒的靈性感知能力，只要走向回歸生活的道路上，問題就會轉化了。

菩薩，就在你的心中，祂存在的力量，就是你對祂相信的程度，當你「心中眞實有祂」，那麼菩薩就會給你最大的協助。

而當你把負面的想法與感受從心中清除，那麼在你心中，就可以有菩薩可以存在的空間了。

第二章

宗教不是通靈
也不是做慈善

每一個靈魂都有一份使命。生命的旅程，就是從我們找尋探索，到確定生命的方向，而走入實現使命的過程。

一、菩薩眼中宗教是什麼？

宗教在許多家庭裡是一份信仰，在菩薩眼中，宗教到底是什麼呢？

我從開始辦事以來，不斷的在追尋自己內在心靈的成長與改變，不斷的在遵循菩薩教導的過程中，找到一份確立的感受，只有自己的轉化與改變成長是眞實的，其餘的儀式與一切都是假相。

本書清楚的告訴讀者，如何從靈魂的角度去認識自己，從閱讀的過程之中得到力量，與過去還懵懵懂懂、不清不楚的自己，透過閱讀思考，讓自己更了解明白自己。

菩薩要告訴大家，宗教是使我們提升的地方，但在提升之前，你需要先面對自己的生活，透過認眞生活的心態，在過程中成長改變。

曾經有人告訴我，宗教是他寄託心靈的地方，當他在生活當中經歷了老公外遇、孩子學壞等等問題時，遇見了宗教與師父。師父告訴他念佛可以讓一切變好，所以他開始天天到寺廟參與活動。

過程中，他得到了暫時的快樂，因爲許多師兄師姐會跟他一起參與活動，他也會遇到一些有相同經歷的婦女，彼此偶爾互相訴說自己的生活與一切，互相取暖。但是，他仍然會到各個宮廟尋求命理老師的幫助，希望自己的生活得到更多改變。

宗教真的可以改變一個人嗎？

誠如菩薩所說，宗教是提升心靈的地方，但在你還未處理好生活之前，接近宗教恐怕是沒有多大用處的。我們必須先好好把生活過好，內在心靈確定現在需要的是「提升」，而非透過宗教解決自己生活中的問題，那麼現在的你，就是已經準備好進入宗教了。

遇到受挫折的朋友們，首先我們必須接受這所有的事件來到我們的生命中，打從心底去接受，不去批判事件的好壞，例如，自己的小孩走入黑道或者是吸食毒品等，首先必須先接受這件事情已經發生，接下來，我們要放下改變孩子的念頭，這是最重要的階段。開始重新認識自己的孩子，在他心中到底發生了什麼事情，怎麼會讓他接觸到黑道及毒品，他爲什麼會以爲這樣是對的？

當你開始與自己的孩子站在同一邊之後，你會發現，每個孩子在經歷這些傷害自己的過程時，內心深處其實是非常孤獨的。他們內心渴望被人了解，但是他們有時會在某些狀況中推開這個社會，不讓社會去關心他。當你是他的父母時，你只有眞實的面對，他才會有機會改變，因爲唯有愛能夠使人走向幸福。

許多人認爲傳教是一件功德，但是在菩薩眼中，勸人向善的這個念頭就是功德，而不是宗教本身。如果一個人傳教的目的是在推廣宗教，甚至是爲了讓自己在宗教團體中得到權力與名望，那麼這並不是功德。

能接受這樣觀念的人，你會知道這本書只有一個目的，就是讓你找到靈魂的使命，而不是讓你相信「我」這個老師，或是吸引你成爲「我」的信徒，因爲我是一名翻譯者，而不是一位宗教大師，我並不需要你的「入信」，菩薩和我只希望大家能夠因爲閱讀這本書而有所改變。

二、二十一世紀的宗教只是純粹的信仰

二十一世紀對我們的靈魂來說，是進入了一個完全不同的改革年代。我們的靈魂在二〇一二年之後有了更大的改變，誠如菩薩所說，在這一年之後，整個世界的磁場已經完全的轉換了。未來，宗教會成爲純粹的信仰，靈魂的問題將交給專業的靈媒，而心靈成長則是專業的心靈老師的工作。

複雜而模糊的問題，將會慢慢變得清楚、清晰。現階段，我們看到有些人的角色扮演（靈媒、心靈導師等）有所重複，這很正常。因爲許多人在這個階段需要快速的蛻變，所以在靈媒的角色，會承擔許多或較大的任務。有關傳達內在的心靈成長，傳遞正確的

宗教認知等訊息上，對我們來說雖然負荷很重，但我個人甘之如飴，這一路走來的過程都是值得的。

面對修行，許多人誤解爲跟宗教有很深的關係，我們希望在這本書發行之後，許多人可以眞正在生活中修正自己的行爲，眞實的改變自己於生活當中，而不是穿著一身道袍或是自然材質的布衣，說些佛言佛語，那些都不是修行，只是外在形象的包裝。

一個眞實修行的人，是在生命當中不斷的面對自己，接受一個完整的自己，把對待別人的方式與對待自己的方式如出一轍。正面的力量是流動的，從自己開始做起，對自己說好話也對他人說好話，看見對方的優點，了解一個人的特色與獨一無二，你的生命就會有所轉化。

寫一本書其實不難，但是將自己的內在情感與所發生的一切記錄下來，就是一件難事。因爲在書寫的過程中，我必須誠實的面對自己，整個過程彷彿就將自己也整理及療癒了。每一次寫下菩薩的話，對我來說，就是一次「心」的學習，畢竟我們有太多可學該學的事物了。

三、修行不是為了成佛

不少人以爲，只要經歷許多念佛與打坐的階段，就可以讓自己快速轉化成佛，這是一個很大的誤解。

過去在各類身心靈課程得學習中，也經歷過傳統打坐念經的階段，算是紮紮實實體驗過各類修行法門，認眞的走過每一個時刻。我從念經打坐、意念觀想、轉化意識等等階段，到很認眞的想要成佛改變。我曾經非常沉浸在這些時光當中，但是幾次之後，我意識到自己必須回歸生活，好好的面對自己的生命時，眞正的修行才開始。

我打坐觀想，祈請更高的力量讓我持續保持在覺知的狀態，接受一切情緒能量走入我的身體，當我觀想憤怒，憤怒的能量就源源不絕的進入我的身體，我可以清楚的感知到所有的細胞都在那個當下當中持續的感受著，從憤怒、悲傷、喜悅、快樂走入慈悲的意識觀想，在許多轉化的階段，可以清楚的感受到能量的流動。當時受到日本師父的啓發，不到十八歲的我已經如此感知修行。

但是這樣的意識轉化，卻無法落實在生命當中。因爲我仍舊要寫功課，準備考試。我原想，我的意識狀態已經提升得這麼高了，爲什麼還要體驗凡夫俗子的生活？但這樣的意識狀態，當時的我無法去落實於生活，因爲還有很多生活的課題需要去面對，所以最後我選擇了回歸生活。

直到現在，我才有能力在生活中落實這樣的意識狀態。唯有當你開始生活了，你才會知道這些狀態帶給你的是意識上的轉化力量，並且讓你深刻體會到，這些意識狀態眞的在自己的生活當中出現。當你眞正的落實，你會願意過世俗的生活，因爲我們的修行是在紅塵之中。

接受世俗生活就是修行的一部分，才能讓意識狀態更清楚的流動轉化。

修行是讓自己變得更好，不爲其他。快樂不該只是在某一個當下而已，而是在每一刻都可以帶著這樣的心情與感受，去面對所有在我們生命當中的所有面向。當有人罵你時，你可以感受到這些人都是你意識的一部分，你就能從這個接納的心靈狀態轉化了，當有人批評你時，你可以反思，或許在你的過去，你也曾用這樣的方式去批判自己，他只是你內在的顯化而已。

環境帶給我們的改變只是一部分，但在我們所面臨的亂世磁場裡，許多人人心惶惶不安，不知道自己的目標在哪裡，渾渾噩噩在過每一天。但日子不應該只有柴米油鹽醬醋茶，因爲我們有不一樣的心靈能量，我們有靈魂，我們值得帶領所有的生命走向更美好的狀態。

我們能夠溝通，學會語言，並體驗這片宇宙所有一切的變化。透過科學了解這個世界，透過直覺明白生命，不斷的反思心靈的轉化，產生了各式各樣的情緒。我們有感情，從親情、友情、愛情這些情感中，我們可以不斷的去感受。

人之於宇宙萬物的不同在於，我們一生當中，可以透過自己的判斷去決定許多事情，例如，有人可以一生結三次婚，談過無數次的戀愛。但是對於企鵝來說，他們的初戀對象就是一輩子的伴侶，人卻總是因爲可以選擇，所以我們反而不知道自己的心靈深處要的是什麼，也因此，我們將花費許多時間找尋自己所想要的。

第三章
改變亂世有方法

以下透過四個分享的方法，讓大家看見亂世的磁場當中，仍然有改變的方法，而你就是那個最佳的鑰匙。

一、堅定心念，不受社會干擾

世界的磁場紛亂，我們看到許多大多環境當中，周圍的人情緒起伏不定，而自己的內在也同步上演著同樣的劇情。每天都有不同的人來到我們面前，用各種不同的方式告訴我們，社會正在動盪不安。

現在的你，仍然在爲退休後計畫到鄉下過清淨生活而努力嗎？

如果你認爲這樣的紛擾不安你已經不願意再經歷了，請你跟著我仔細咀嚼這篇文章，因爲這正是菩薩要出版這本書的目的。

你的生命中有著不同的人正在與你相處，也許你在看這篇文章時，已經在深山內過著獨隱山林的日子了，無論如何，切記當你打開電視的那一瞬間，你已經又回到紛擾的塵世當中。

我在寫書的日子裡，舉辦了許多關於心靈淨化的活動，在這些過程當中，我自己也被深深的淨化與療癒。人的心靈需要有大量的空間去面對我們所有生命的問題，掃除過去許多的陰霾。當你深呼吸時，仍然覺得心裡有股沉重的壓力，無法輕鬆的面對生活，那麼我可以清楚告訴你，你某部分的意識是不快樂的，而這些意識需要淨化與流動。

菩薩給予的能量祝福

這些日子以來，社會上陸續傳出幾起離奇的殺人案件，顯現出社會很亂、都市很亂的模樣。資訊越繁榮的地方，社會案件越層出不窮，但這眞的是我們所要的生活嗎？不斷的都市化，一切都跟著潮流前進，這樣的社會也在不斷的告訴我們，盲目的追求進步，只會在意識上面陷入無明，成爲眞正的盲目。

壓力對一個人的影響是巨大的，對於憂鬱症及躁鬱症患者，甚至有自殘及殺人傾向的人來說，在他們多數人心中，都會認爲自己是被社會排擠、壓榨著的，身旁的朋友、周遭的一切，範圍甚至會擴大到整個國家社會，都是在擠壓著他，這樣的人，我們需要幫助他，幫助他明白這一切外在的擠壓，完全來自於自己創造的「畫地自限」。

陪伴對一個人來說，是無止盡的祝福，能夠清楚的從所有痛苦的過程中眞實的走過，而當在內心決定要「面對療癒」時，這時候，全世界都會向你伸出援手，上天會把最多的資源安排到你的身邊，他只需要靜靜的接受，與努力的實踐大家所帶來的建議。

療癒很難嗎？其實不難，但人們總難免會在某種程度上畫地自限。例如，自己的家庭是信仰基督教，當別人在談論佛家理論時，他的心中便不斷升起批判的心念，那麼他就會陷入第一個畫地自限。因爲他已經不願意聽他人的故事背後所要傳達的啓發與理念，但這些故事或許對他有所幫助。

許多來到我面前的朋友，總會帶著過去對靈媒的「已知」，來聽我爲菩薩傳遞的每一句話。在過程當中，他們或許會重複的出現在我的身旁，我也很願意幫助他們，但是在幾次會談當中，突然有一天他對我說：「郁文，我終於聽懂菩薩的話了，今天我有特別的收穫。」我告訴他：「這幾次菩薩說的話近乎相同，只是今天的你準備好了，所以你有特別的收穫。」

當他聽到這句話時，已經清楚的感受到我所說的眞實意涵。因爲在過去的日子裡，他一直帶著「已知」在聽菩薩給予他的建議，在他的心中，一直希望用最輕鬆的方式去面對問題，但是這樣的心態會使他陷入更大的問題當中。我願意不斷的轉述菩薩的話，當他準備好且願意改變，自然而然會明白菩薩所說的。

在這一年當中，我們發現到這個社會，透過言語抗爭的力量越來越強大，菩薩決定將意識狀態的改變化爲能量的傳遞，幫助人們提升轉化。菩薩將祂的意識狀態透過我的手，以能量的形式，傳遞給來到我面前的朋友。在這段時間裡，我發現許多朋友轉變的速度相當快，因爲能量已經超越了言語的形式，轉化已經以一種無形的方式傳送給需要的朋友。

有些朋友當我做完能量調整時，他會感受到一陣輕鬆，或是有電流在身體竄動的感覺，那都是眞實的，因爲他會感受到他的內在受到了調整與祝福，當「心」願意接受了，「大腦」想要控制一切的狀態就停止了，他的耳朵就可以聽進去更多使他走向幸福的關鍵話語。

二、淨化身心，轉換運勢

在上述的世界紛擾的狀態之下，我選擇不斷透過意識上的調整與淨化，來面對接下來的人生，而對於外在的身體，菩薩教我們用「鹽米淨化法」，讓我們可以輕輕鬆鬆的淨化自身。

鹽米淨化身心法

一小把粗鹽＋七粒白米

使用方法：將鹽米混合在陰陽水之中，從頭頂開始淨灑至眉心、脖子、肩膀、胸口、腹部、生殖器、雙腿膝蓋（依序淨灑），然後最後剩下的部分，從脊椎的上方沖刷下去，即可清除身體裡的負面能量，淨化磁場。

當你沖洗完畢之後，回到房間，可以靜坐在自己床上或是家中清淨的佛堂，以盤坐的姿勢，將雙手覆蓋在心上（左手觸摸胸口右手覆蓋之），並且在內心祈請：「南無伽藍菩薩，請帶給我能量的轉化力量，使我內心安定，身心平衡。」請一定要唸出聲音來。

唸完之後，輕輕用嘴巴吐一口氣出來，然後用一次深呼吸，就可以在心中默念感謝語：「南無伽藍菩薩，感謝您帶給我能量的調整與轉化。」

大多數人在用鹽米身心淨化法時，就會有身心輕鬆的感覺，這樣的療癒法被廣泛的透過靈媒傳送給現代人，無論在哪裡，都會有人不約而同的寫出來，方法不一定完全相同，但是鹽與米這兩樣物品，肯定是缺一不可。

三、取之於社會，用之於社會

眞正的擁有不是獲得，而是懂得奉獻付出。

我們擁有的資源實在太豐沛了！我在寫這本書時，菩薩不斷的告訴我，這是回饋這片土地的方式，社會需要淨化的力量。身而爲人，我們就應該透過意識，對於眼前所見的物質世界與一切外在資源，深深感恩，因爲這是上天帶給我們恩典與祝福。

我們不斷從過去的歷史當中學習，每一次的發生都是必然的，從愛因斯坦的發明到人類爲了領土與宗教的戰爭，我們開始有美學概念等等，看似外在世界急遽的進步，同時也看見人類內在心靈的空虛。原來眞正的豐盛並不在於擁有，當你擁有第一支手機時，你珍惜它的時間，直到你在看見另一支具有更高功能的手機那一刻爲止，你將會想要購買新的手機，以便擁有更好的產品。

我在體驗資訊科技產品時，深深的感受到，我們需要的沒有那麼多，以前我也曾經一直追求著買新款手機，但我心裡並沒有因此得到眞正的快樂。

記得我唸國中時，家人送給我人生中第一隻專屬的手機，那是一支搭配門號費用約一千多元的照相手機，我永遠記得那是一隻內建僅十幾MB，大約只能裝一首高音質完整歌曲進去的手機，我每天回到家不斷的重複聽這一首歌曲，聽厭了就會換掉，但我想要擁有更好的手機，所以我決定去手機店打工。

當時的我是個非常瘋狂的人，想要透過毛遂自薦的方式到手機店應徵工作。那時沒有履歷表（也不知道什麼是履歷表），只知道自己一定要完成這件事。我記得到手機店應徵時，我表達了我對市面上所有手機的了解，以及強調自己想要在此工作的熱忱，於是店長就錄取了我。現在的他絕對想不到我竟成爲一位菩薩的譯者。那時他所認識的我，只是一個爲了想用低價買到自己喜歡的手機，所以才想到手機店當店員的毛孩子。

店長要我去各家手機店了解當下二手手機的價錢，他給了我一張手機回收的價目表，當店家賣的二手手機價錢沒有高於這張價目表時，他就會拿錢給我，讓我去買該家的手機回到他的店裡。每支手機我可以抽兩百元台幣，於是我人生中第一次超酷的打工生涯就開始了。

我每天只需要打工半個小時至一個小時，騎著我超炫的捷安特腳踏車，就可以輕鬆的賺到六百至一千元的零用錢，在國中三年的階段，我透過打工賺錢總共換了十九支手機，只要覺得不喜歡了，我就會把它換掉。

我必須說，當時的我並不是因爲換手機而快樂，而是工作上的成就感讓我感到快樂。現在我沒有那麼熱愛手機，因爲我知道它就是個讓我打電話及聽音樂的工具而已。現在我的手機並不是最貴的，而在菩薩的教導當中，整合了我過去生命的所有體驗，也了解我自己。

當我成爲菩薩的譯者之後，菩薩透過我幫助了許多的朋友，許多人改變及成長了，這段時間以來，我深深的感受到什麼是眞實的快樂。當你懂得奉獻時，你得到的快樂，絕對比擁有短暫的快樂還要來得豐盛，因爲一個能夠奉獻的人，絕對是豐盛的。

印度的聖者巴觀曾經說過：「快樂的人會創造快樂的世界，而不快樂的人只會造成別人的痛苦。」

許多內在貧乏的人，會不斷的用恐嚇的方式去阻斷別人體驗人生，但是在生命之旅當中，我們需要的是不斷的體驗感受，而不是一直用他人的經驗法則去過自己的人生。當你的朋友或是老師告訴你：「你不要買電腦，你的眼睛會壞掉。」或許是因爲此人在使用電腦的過程中有了不好的體驗，因此給你負面的告誡。

許多朋友會搜集這類的訊息，將這些訊息視之爲眞理，但所有東西在被創造出來的那一刻，都有它的意義。

電腦可以讓你快速找到許多資訊，也可以帶領你走向迷失，如同嗎啡（毒品），一般人若是誤用（吸毒），它就是不好的東西，但在醫生的眼中，它卻是良好的止痛劑，可以讓面臨強大疼痛的病人舒緩疼痛。所有的東西都是中性的，一切端看你如何去使用它，你對它的想法及觀看的角度，會決定它所帶給你的一切。

豐盛的意識會帶領你感恩付出

我在寫書的過程中，不斷的感受到菩薩所給予大家的教導。然而我是一個急性子的人，不是外在的急，而是在內心想要快速進步的急切，所以我不斷的上課學習，就是希望能從意識上走入更好的狀態，可以用在轉譯菩薩訊息時，有更好的領悟與體會。

幾年來，我反覆處在這樣的狀態中，直至我寫著這一本書時，才眞正感受到，自己的心，已經從過去分裂的狀態，走入和解、合一了。過去我不斷在切割與菩薩的連結，想要透過心靈課程的啓發去超越菩薩的教導，現在寫這本書時，我開始將過去所有的一切開始慢慢的整合，因爲自己願意轉化了，所以這一本書可以用最豐盛的狀態與讀者們分享。你一定會感受到豐盛的，因爲我願意敞開一切與你分享。

地球的狀態如同我們的意識，我在這一刻深深的感受到，原來菩薩就是地球本體，而我就像是生活在地球上的人們，我們不可能超越地球，就如同我們無法超越神，因爲我們就是祂們的一部分。我非常感動的寫下這一段話，因爲我深深的感知到，菩薩就像地球一樣的存在著。

祂們無私的付出，我們卻是予取予求的向上天要了許多的資源。我們不願眞實的付出（奉獻），因爲在人們的內在意識上面，一直覺得不夠，所以我們不斷在創造產品，不斷想從科技層面獲取進步，但是心靈卻是一直在退步。

我們透過科技的發明，證明了人類的頭腦非常「偉大」，偉大到可以創造這個世界及毀滅這個世界。但是人類不懂謙卑的後果，就是繞了一大圈之後，我們發現，我們傷害的不是地球，而是自己。

我們破壞大自然的環境，讓大地溫度失常，臭氧層不斷出現破洞，造成許多高能量射線危及人體細胞造成突變，再加上輻射能源的迫害……每一件事情，對於地球也就是諸佛菩薩而言，只是靜靜的看著這些發生，透過大自然的天氣變化等方式去反應及調整。人類此刻才感知到，我們所認爲的「創造」及「毀滅」，其實是在建構人類的存亡。

你感知到了嗎？世界不會毀滅，因爲宇宙何其之大，宇宙中的星系及行星比地球上的沙子還要多，我們不是全部，而只是其中一小部分而已。

當你看見了，你會知道每一個付出都是爲了人類，更直接的說，每一個付出也都是爲了自己。當你開始愛護地球時，就是愛護你自己的開始，因爲這一切的一切，只是人類種族歷史的經歷，我們只是地球存在於宇宙間的一個過程，而不是全部，當你懂得謙卑就會臣服，當你在內心臣服於這一片宇宙，你的生活就會有所改變。

讓宇宙成爲你的靠山，而不是跟宇宙對立。

四、以尊重為出發點改變世界

人類的歷史非常的奇妙，在這個小小的地球當中，在人類意識上面，從性別開始被分成男女，再從膚色分出了白種人、黑種人、黃種人……進而透過土地的分布分出了國家，例如台灣人、日本人、美國人……等等，但有一個事實從來就沒有改變，那就是我們都是「人」。當我們走入意識上的和解，就沒有那麼多的衝突，因爲你我都是一樣，而當今社會最難的事情，就是跨越意識形態的藩籬，結束繼續分裂的模式。

菩薩在本書當中區分出十種靈魂性格，菩薩告訴我，我們要從分裂裡面走出來，就要先從「縮小」開始。在印度合一大學的課程中，我體驗了「合一」的心靈狀態，回到菩薩的教導，我把過往菩薩要我記下來的話重新閱讀，我看見了相同的狀態，明白了世界和平是要從人類的「心」開始，因爲「心」和平了，一切就安定了。然而怎麼樣才能做得到和平？那就是要從「尊重」開始。

從廢死與反廢死聯盟當中，我看見了一個現象，我們的初衷都是爲了這個社會，廢死聯盟的初衷，是希望不要再有無辜受到死刑待遇的人；而反廢死聯盟的初衷，也是爲了不要再有人受到因爲被誤放出來的罪犯受到二次傷害。我們的初衷都是好的，爲什麼不能和解？

法官跟人民還有一切衆生，才是這一切的關鍵，我們社會需要一份尊重存在，尊重著你我的身體、心靈及靈魂的偉大，每一個人都是這件事情的關鍵。我們先要學會的是從事件當中「穿越傷痛」，我們的意識是要讓人民監督這件事情，讓法官正確的判斷，讓罪犯體驗自己所犯的過錯。

有一次我搭計程車時，聽到計程車司機說到他以前的人生，他曾經同時擁有九張信用卡，他利用辦卡的方式，得以在短時間內購買及體驗了很多欲望。

他說十幾年前，他是一個建設公司老闆的司機，他的人生開始有欲望，是在第一次爲老闆擋酒。因爲那一次體驗，造就了他開始迷戀起在酒店喝酒的日子，他最高紀錄一天可以喝掉三十幾萬的酒，然後他開始迷戀賭博，因爲他可以一天在賭場裡面贏十幾、二十萬元。

他開始認爲不用再爲老闆開車，日子過得非常快樂，在這個循環的日子當中，他的手氣不錯，一直有贏錢的狀態，但是也花掉了很多錢，他靠賭博在南崁買了一間房子，但是好景不常。父母看著他沉迷於吃、喝、嫖、賭、色，在這五欲世界裡完全的迷失了自我，當時他以爲這才是人生。

在那段日子裡，他還爲自己找了一個司機，每天給他兩千元，就是中午開車載他去賭博，然後在旁邊看他賭博，到了晚上載他去酒店玩樂，其他的生活開銷則可以實報實銷，這樣的日子過了好久好久。我問司機大哥：「後來發生什麼事？你才決定從裡面跳出來？」

司機大哥告訴我：「是我的媽媽。那一年，我爸媽可以說對我失望透頂，父親得癌症走了，母親也受不了這些打擊，身體每況愈下。我永遠記得媽媽臨終前，告訴我他對我失望透頂，但希望我對他承諾一件事情，就是他離開之後，不要再這樣下去，好好的工作賺錢，討一個老婆生兒育女，才對得起父親與母親的在天之靈。」

這些話就是他心中最深刻的「痛」，於是他決定轉變，不再繼續過這樣的日子。當他決心聽媽媽的話時，回去找建設公司的老闆。老闆看到他之後，建議他去開計程車，因為來公司上班後的薪水，會被所有的銀行扣光，他會白做工。不如去開計程車，錢雖然少，但所有的錢都是靠自己努力得來的。他可以用自己方便的方式慢慢還款，不會被銀行強制扣款，賺錢雖然不多，至少可以維持基本生活。

建設公司的老闆將一位個性很好的大陸女孩介紹給他當老婆，司機大哥告訴我：「當時我老闆看到這個女孩子吃飯會先夾菜給自己的父母親，老闆認為那個女孩一定很孝順，是個好女孩，於是他就真的介紹給我了。現在我們結婚幾年，也有兩個女兒。」說完，他在等紅綠燈時把手機桌布拿給我看，他們一家人的合照，這個大陸女孩整整小他十歲，看起來溫柔婉約。

我頓時意識到，原來當自己願意開始「尊重自己」時，尊重自己是一個人要去為自己的生命負責任，不去怪罪所有過去發生的問題，也不為自己找任何藉口，決定要活出一個全新的自己。這個宇宙會讓一個看似人生完全沒有希望的人，重新獲得美好的人生。

他說每次跟朋友偷偷喝酒時，都會在回家之前喝一大堆可樂，因為可樂的味道可以蓋過酒精。「每次回到家，我老婆都會問我爲什麼全身都是可樂味，我都回答，因爲我愛喝可樂嘛！」

我接著問他，「你眞的認爲你老婆完全沒發現嗎？」

他告訴我：「女人一定有直覺，可能他在忍受我、包容我，所以沒有拆穿。最近找我喝酒的邀約，我都推掉了，因爲我發覺還是老婆跟女兒比較重要。我雖然沒有戒酒，但已經不會在外面喝酒了，看到老婆跟女兒快樂才是我最大的幸福，我不想因爲喝酒而失去他們。」

那天的計程車之旅是一次特殊的經驗，老天爺用一個親身體驗的故事讓我明白，當人們願意開始「尊重自己」時，一切就會有好的事情發生。

第四章

六大法則使你心想事成

心想事成在這個世紀來說，絕對不是一件難事，只需要「六個關鍵訣竅」便能夠做得到。菩薩把這一切訊息，用我的生命故事來告訴大家，心想事成並不是難事。

一、覺識見心法則

「眞實的覺知力量，看見所有的一切都與我們緊緊相連。」

在上一年當中，我接到了「當兵」這個任務，在我一心想要躲避的情況之下，找了許多變成替代役的方法，或是期待突然宣布不用當兵的奇蹟，但菩薩並沒有讓我達成這個願望，而我一直到收到了「兵單」，確定要去當兵了，我的心才不得不定了下來。

許多人認爲當兵是一件浪費生命的事情，對我來說，這只是他人對這件事情的看法，而看法往往會決定這件事情的結果。

當我坐上火車與家人告別時，我的心進入了無比的「寧靜」狀態，從羅東火車站上車，坐到宜蘭火車站，在搭上往營區的遊覽車路上時，我心中有種「我將會變得不一樣」的感受。

覺察意識的流動

在車上，我反覆感受著自己意識的流動，我不斷的在想，這一年我會發生什麼樣的事情？我用意識去感受，這個當下就是完全打開了我們的直覺，在文章面前的你，當你要做一件事情時，你同時也可以用這樣的方式去感受。

覺察意識的心靈能量：靜下心來，用三次的深呼吸讓自己慢慢穩定下來，接下來把專注力放在自己眉心的位置，唸出以下的文字，它會幫助你強化直覺的感受：「祈請我內在直覺與臨在的聲音，給我一份覺察讓我知道這件事情（訴說你想要知道的事情），請透過意識告訴我這件事情所將帶給我的感受。」當你唸完這一段話語時，你的心中會慢慢升起一份感受，這就是你的靈魂所要告訴你的話或提醒。

當我安靜的去感受時，我收到一份強烈的直覺，就是「我會變得不一樣，是一個明確的豐盛感覺。」而當我們都到達營區之後，我持續的帶著這個感覺，一種高度寧靜的心靈品質來到營區，我深深的認爲這絕對是我「眞實修行的好道場」，因爲從這一刻起，我將重新開始。

人間修行需要時時面對自我

當我在軍中這個高度寧靜的環境裡，某些時刻是與世隔絕的，我不斷的用一種「逃避當兵」的心，用一種看似「修行人」的狀態來欺騙自己，也就是「抗拒當兵」，而這樣的狀態一直到班長開口罵人開始，一切就破滅了。

許多在現實生活中以「修行人」自居的朋友，希望你們能用自我剖析的角度去面對自己，因爲只有時時面對自己，才能得到眞實的快樂。如果你一直讓自己處於一種假性的「寧靜狀態」，你的心從沒有經過任何淬煉而從生命的課題中轉化，那麼遲早你就是會經歷重重的考驗，甚至你會吶喊著老天爺是在「魔考」。在那個當下，你就是要回到一般人的狀態，你要知道自己與別人沒有什麼兩樣，也就只是個「人」而已。

菩薩要我深刻的剖析自己給大家看，就是藉由我的經歷，來提醒大家如何自我覺察與穿越問題。

當班長用各式各樣的批評來告知我們的不是，我心裡完全無法接受，頓時內心不斷抱怨：「這軍隊裡面絕對不是人可以待的地方，他們爲什麼可以這樣說話，完全不懂得尊重。」我在內心碎唸不已。

在那個當下，我並沒有意識到自己內心對這位班長已經不存在一絲一毫的尊重，當時我並沒有了解他之所以說那些話背後的意義。

這段文字好像充滿著纏繞的哲學，說白一點，後來因爲我擔任了長官祕書的職位，所以有機會從不同的角度來看事情。當我們走入軍隊，就要在這裡給予最大的尊重與服從，身處金字塔頂端與從平地看金字塔頂端的樣貌，是絕對不同的。

我整整花了半年時間，才慢慢適應軍隊裡的生活，透過不斷練習「覺識見心法則」，讓我逐漸適應了軍中。雖然偶爾仍有抱怨，但這一年來我的內在改變了很多，看事情的觀點不同，讓我在經歷挫折時內心更加安定，並且能夠坦然面對。

「覺識見心法則」的核心力量，就是讓我們透過不斷內省自己的內在，減少自己對外在的怪罪，當我們還在怪罪別人時，我們跟你所批評的那個人都是一樣的。或許你遭受到傷害，但因爲你也在批評，所以到頭來你會發現，自己也在無意識的狀態下，成爲了傷害別人的人。

如果用更高的智慧來看待，你會發現自己在生氣時，身體所有的細胞也在共同承受著憤怒，甚至你生氣的狀態，同時也會渲染到周圍的人身上，那麼，你也和傷害你的那個人是一樣的。

心想事成蛻變關鍵：如果要跳脫你現在的人生，必須在你最討厭的人面前，釋出你最大的善意與祝福，因為你就是如實的活著，你想要別人了解你，就必須先去了解別人。

心想事成內在練習：（請你將雙手放在你的心上，祈請伽藍菩薩協助你完成這一次的練習。）

先用三次深呼吸讓自己慢慢沉靜下來，當你在呼吸之間，你需要全然的敞開，你可以打直你的脊椎擴展你的胸口，這會有助於你的內在慢慢敞開。

接下來你可以慢慢的告訴自己：

「我願意原諒（傷害你的這個人），因為我和他一樣，當他在傷害我時，我也同時在傷害自己，我生氣讓我的身體與細胞共同承擔了負面情緒的一切，我願意開始打開我的心接納這個人，接納他正在走他面對自己的路。如實的感恩，願心平安，平安喜樂。」

二、療癒黑暗法則

這個道理如同在我們的生活中，一定會遇到所謂上司跟下屬之間的關係，而你的上司在某些時候責怪或針對你時，你就「必須要」了解你的上司，你一定要去感受這位上司，當他需要同時面對管理這麼多人的時候，同時就是在考驗他從出生至今實際的修行功夫。

也就是說，內在只要有一部分的黑暗，這個情緒與內在狀態，就會不斷的觸擊到你的生活當中。所以當你的生活不斷的重演著一齣又一齣被傷害的戲碼，那麼或許你可以給自己一個可能，那就是把「怪罪他人」的心念放下來，試著去了解爲什麼你會有這麼多被傷害的感受。

當那位班長持續的罵完我們後，我心裡眞的很不是滋味。但我心裡同時出現了兩個不同的聲音。

「郁文，沒事的！他一定有他的原因，一個人不會沒事就對人發這麼大的脾氣。」

「郁文，他不懂得尊重別人，就一定不會得到尊重，你看吧！這些人都是因爲他的職位才會懼怕他，出了軍中這個門，他什麼都不是！如果他知道你以前出過書，就會對你刮目相看，不敢這樣罵你了。」

你們看見了嗎？我的內在在當時分裂了，我無法接受這樣的「逆境」，所以幻化出天使與魔鬼兩個想法，但那都是我的一部分，我得承認那些都是我的一部分。

但你也看見，當我在罵他用階級壓迫我們時，同時我的內在也用另一種方式在壓迫他，在那個時候我跟他是一樣的。之後我透過「療癒黑暗法則」，才眞正看見這件事情的全貌，自然而然就放下了。

療癒黑暗的心靈法則，最難的地方就是在於，停止怪罪別人跟自己，而去看到眞相。

舉個例子來說，如同剛剛我與班長的狀態之中，我必須先去看見我的內在也有一個批判的聲音出現，唯有看到這個聲音，發現我們都用同一種方式在對待對方，才能夠走入下一個階段，走入療癒。

當你在怪罪某個人或某件事的時候，霎時間會有一種「突然領悟的感覺」。這個感覺就是在事件當中，看見原來沒有「眞正的受害者」。只是發生了一件事情，透過這件事情，走入下一個療癒階段，就是去思考這件事情爲什麼會發生在我的生活當中。

如果每一件事情都是必然存在的，那麼這件事情帶給你的意義是什麼？我看見自己在許多時刻，我的生活已經走到一個「只有神的狀態」，而在這個狀態之中，我只臣服於神，同樣想法的就是朋友，意見不合的我會不自覺的推開，我漸漸建立起自己的「生活舒適圈」，不願意去接納反對自己的聲音與意見。

在反思的過程當中，我不斷的問自己，爲什麼無法接納不同意見的存在？在我不斷的內省過程中，心裡出現了一個聲音：「郁文，你沒有去體會別人的過程，自然無法接納他們。」

這個聲音，讓我想到過去的一個個案，有個女孩二十八歲步入婚姻，男女雙方能力都很強，工作也很穩定，都有不錯的收入，過著令人稱羨的生活。後來女孩的婚姻出現了第三者，當他發現時，毫不留情的對這個第三者用盡所有言語與暴力去傷害對方，把所有一切過錯都怪罪到這個第三者身上。

女孩最後贏了，在離婚的過程中，他讓自己的先生跟那個第三者非常難堪，但他自己的心同時也被離婚過程搞得遍體鱗傷。

親友們都認爲女孩非常堅強，可以勇敢處理這一切，但在夜深人靜時，女孩需要用大量的酒精來痲醉自己。這個過程中，他遇見了一個事業成功、充滿魅力的男人，男人開始陪伴他，女孩認爲上天爲他關了一扇窗，又爲他開了一扇窗。沒想到這個男人原來是一位有婦之夫，於是他開始騙自己，說這個男人只是「紅粉知己」，是個很棒聊得來的朋友而已。但是上了床發生了關係，他明白這一切都只是自己的藉口，只是他覺得自己離不開他。

來諮詢的時候，我告訴他：「現在的你，聽到別人是第三者時，你一樣會把別人罵得狗血淋頭嗎？」

外遇，立場不同，看法與結果可能也不同

女孩說：「經歷了這個過程，我感覺自己就跟當初那個第三者是一樣的人，我們都認爲身邊這個男人需要我，認爲自己才是他的唯一，所以我把所有的一切都合理化，堅信這個男人永遠是對的。」

「現在的你可以體會到，在這個過程裡，你經歷到這個三角關係之中，你的男人絕不是『被迷惑』或者是『被控制』，無法有自己的判斷力及決定能力，而是因爲你和這個男人內在都有一個很大的心靈成分，那就是『自私的占有』。這個看似把你捧在手掌心的男人，卻是用同樣的方式在傷害你，我們需要誠實的面對這一切，當你看到這個問題的眞相時，才能從中找到穿越問題的力量。」

我邀請女孩跟我一起閉起雙眼，聆聽菩薩接下來對於如何療癒自己內在黑暗與傷痛的心靈話語：

「生命會用最公平的形式讓你了解你的人生，人生就如同一段旅程，你在經歷大老婆到小三的心路歷程時，你清楚的了解這一切的過程，從過去的誤解走到現在的感同身受，你的心多了一份寬容。最重要的是念頭，如果現在身旁男人的老婆跟你當初的狀況一模一樣，也請你好好的感同身受，過去面對被背叛的那種痛苦，即將要發生在這個男人的老婆身上，你願意讓他承受你過去的苦嗎？菩薩能夠了解你的心很苦，苦在一方面糾結於於這件事情，另一方面還有一個聲音在拉扯你，就是對方對你是眞愛嗎？」

「菩薩看到你的心中還有一絲絲的期盼，但請先將你們之間的關係釐清，眞愛才有可能發生，否則這就是業力的呈現。現在你們彼此是一份欲望的需求，你很想見到對方，是因爲這份愛有著一股說不出來的刺激。你心中可能會喚起很多聲音，告訴自己要好好體驗這一份愛，因爲可能下一秒就會消失。」

「但你發現了嗎，讓你感受到美好的，是你的心告訴自己每一次可能都是最後一次，所以你會用心去感受，自然會珍惜這份感情。這跟你每一天都當成最後一天來過，每一天都會很刺激、精彩一樣，這樣你清楚了嗎？」

菩薩一連串的話語，一次又一次幫助這個女生釐清所有內在心靈的不解，女孩問我：「菩薩所說『業力的呈現』，是什麼意思？」

「所有衆生在面對感情的這一條路時，唯有『眞愛』是具有勇氣的，『業力』只是充滿著藉口與不想面對的理由。」

在感情問題之中，療癒黑暗是必須先看到所有的發生，然後面對自己的業力模式，先是感同身受所有的人都是自己內在的化身，接下來再以同理心去對待身邊的人，如同去感受到這個男人的老婆即將要面對當初自己所受的苦，並且開始去處理這個不正常的現象，讓問題終結。最後原諒自己與這個男人，在這些過程走完之後，菩薩在這裡就會恭喜你通過這個課題的考驗，得到完全的療癒後，自然就會遇見屬於自己的幸福。

女孩在離開這段關係沒多久後，給自己放了一個小小的假期，到國外的靜心中心，帶著菩薩的心靈法則，不斷的轉化提升自己的意識狀態。三個月後，我看見女孩氣色紅潤，並且在靜心中心認識了一位外國男生，當我收到他的電子郵件時，可以確定他已經成爲「幸福」本身，不再是追求幸福的那個人。

心想事成蛻變關鍵：在你最不想要面對的這件事情上面，尤其是在親密關係或者是父母關係之中，請你先把「怪罪」停止，放下內在「怪罪的聲音」，如實的去感受這一切過程其實沒有誰錯誰對，只是每一個人的意識狀態不同所聚合出來的結果。往往在這個結果上面會有很多的誤解產生，當你看見且明白這一切都是誤解時，你的心自然就會平靜。

心想事成內在練習：（請你將雙手放在你的心上，祈請伽藍菩薩協助你完成這一次的練習。）

「我們的生命本體原沒有苦，只是因為在面對關係時，我們會堅持自己的看見、想法、觀點，而這一切就是我們受苦的根源。敞開內在的心靈（此時請擴展你的胸腔，做大量的深呼吸），所有內在的不平衡就如同能量，請菩薩轉化我的能量，協助我看見問題的真相，我願意原諒（跟你有衝突或者是不舒服的人），我願意原諒自己所有的一切，我願意接納所有生命以不同的方式存在，我願意開始去體驗生命的每一個當下，我願意體驗所有萬物來到我的生命當中，會讓我產生感恩的感受。我是一個豐盛的存在，我是一個真實的存在，我就是愛的本身，來到我生命的每一個人，都是愛的化身。」

三、心映內外法則

在我軍旅生涯的階段，內在心靈體驗非常的精彩，因爲當我遇見所有的批評與難關時，有很棒的同梯兄弟陪伴我一起走過。

當我下部隊到連上之後，剛開始第一個月的每一天，都很害怕做勞力工作與面對老兵對我這個菜鳥新兵的壓力，內心感覺時時刻刻都很緊張。下部隊，我是第一個被罵的人，從集合點名到許多生活規則，我都要在很短時間內記清楚，衣服的擺放位置、棉被如何摺出稜角，面對每天的考驗，讓我有著強烈的無力感，我因此不斷的怨天尤人，覺得自己在外面世界已經成爲菩薩的翻譯者，人生路途走得很順利，到了軍中這個環境，卻需要受人批評指教，心裡非常的不平衡。

當時，我在大通鋪寢室的個人內務櫃裡，藏著各式各樣的能量用品，有好友巫師的魔法噴霧、能量精油、菩薩給我隨身帶著的能量手鍊等等，各式各樣的東西，只因爲自己內在的恐懼在作祟。

真正的修行，是當你在混亂當中依然安定

我天天都在使用這些產品，好使自己內心安定，雖然人在部隊當中，但是我的心始終處於一個人的狀態，無比的孤獨。在這段過程中，我體認到同梯的兄弟給了我很大的支持力量，在這些當下，菩薩讓我獨立去面對過程，因爲只有我本身的狀態提升，才有辦法不去依賴菩薩的存在，因爲我清楚如果我自己不先做到，如何帶領大家一起完成這個目標。

「不去依賴菩薩並不難，但是當自己回到本身個體時，如何讓自己時時處於寧靜穩定的狀態，並且不斷的自我提升，那就會是件難事。」

這個聲音從我成爲神譯者的第一刻開始，我就想要追尋其中的答案。我不斷的進修、自我療癒，走入個人提升的道路上，無非就是要把這個角色好好的完成，希望有一天在我卸任之後，能夠用大量的書籍、講座與工作坊，帶領大家走向對的道路上。

這樣的理想一直存在我心中，在部隊裡，我開始陷入一個靈魂暗夜的狀態，對許多事

物的看法都是負面的，只能用香氛產品來提振自己。就寢前，我一定會在枕頭抹上高地薰衣草的精油，讓自己可以用具有治療性的精油讓身心安定，好面對接下來的日子。

你或許會想，真的有那麼痛苦嗎？

在那個階段，四周一切都是未知的，唯一能夠依靠的只有自己與身邊的同梯兄弟。在等待學弟來的那段日子真的很辛苦，我期待每天都能夠越來越好。

在某個深夜，凌晨一點還沒有睡著，我決定讓自己好好靜下心來，透過「心映內外法則」來轉換這一個循環模式。在我持續的深呼吸保持靜心時，我看到的第一個念頭是「害怕自己被罵與批評」，這個念頭我完全無法處理它，但是我決定先透過明白它的存在，才能讓自己走入下一個階段，就是吸引正能量的生活。

我先在心裡面下一個決定：「明天我所要遇到的人事物，絕對都是美好的，而且具有讓我提升的意義。」

當我下了這一個強大的決定時，自己很清楚我已經在心情的谷底了，那麼只要發生一件好事，對我來說，就是一件美好的轉機及進步。

當我設定這樣的信念之後，隔天五點半起床折棉被時，我迅速的把棉被摺好，下了床之後，準備去播國軍健康操的廣播音樂，我覺得一切似乎有了一份順利，在那一整天當中，當然有犯錯的時候，但是就感覺被罵的時間少了，且多了一份新工作，就是每天去出高階長官的公差。

我被分配到這個職務時，心裡非常開心，因爲我終於可以過不一樣的日子了。從那一天開始，似乎連上緊張的氣氛也減輕了，我慢慢跟大家打成了一片，從出公差到接了戰情兵，大家都認爲的爽兵，到最後成爲了傳令兵，也就是高階長官旁邊打理一切的小祕書。

在後來的時間當中，我深深感覺，當我的內心形成一種狀態，這個模式就會複製到外在的生活當中，我永遠記得那一天的決定，如果沒有那一天的決定，或許我會搬東西搬到退伍爲止。

心想事成蛻變關鍵：如果你現在的生活是一個困境，如同在我當兵那時，心裡有很多的抱怨及不平衡，不斷的依靠著外在的能量產品。請你記得，只要你的心境沒有轉變，那些東西無法帶給你蛻變的力量，只能給予你短暫的好運，其中的關鍵就在於，你必須在此時此刻，重新定義接下來的人生，給自己下一個強大的決定，並且不顧一切的往這個目標走。

心想事成內在練習：（請你將雙手放在你的心上，祈請伽藍菩薩協助你完成這一次的練習。）

「我的生活從今天開始要有絕對不同的體驗，我要體驗快樂的人生，體驗自己不斷的成長改變，體驗到苦難背後愛的真諦。」

四、光能療癒法則

「心靈之光，看見自己內在的本質。」

在國軍的生活當中，寫書的過程斷斷續續，每一週的大兵日記，我把自己內在轉換的過程記錄在當中，並期望在當兵期間可以提升自己。

在接下來的日子裡，我每天晚上睡前，就會在床上靜坐五分鐘，請菩薩從我的頭頂給我「祝福之光」。這個短短的祝福儀式，對我來說是一個能量上的支持與幫助，菩薩告訴我，如果要加強能量的傳導，可以將右手掌心置於頭頂，左手放置在心口位置，菩薩的能量便會源源不絕的傳導到我們的靈魂當中。

而我在接下來的生活當中，突然有意外性的發展，就是去當長官的隨身祕書，也就是傳令兵。在那接下來的半年當中，我開始當傳令，從一個被人所服侍的貴公子，轉換成爲一個爲人服務的人。

我在用光能療癒的過程當中，經歷了一件又一件事情，菩薩說：「即便你有再高的意識，做人的功課也是需要扎扎實實的去歷練。」

我在菩薩的開導下，願意走入更深的實修，因爲生活是自己去創造及體驗的。這個觀念從我開始爲菩薩服務開始，心理就是有著很深的確定，唯有這樣，我對我的生活需要完全的負責。

如果你當過兵，必然會知道，傳令是一個人人羨慕的爽兵，但是看似輕鬆的工作，我們需要的是一個感同身受的作爲。平常的我，在生活中是處在一種「無意識」的狀態。如今，我會清楚明白，當長官身體不舒服時，他需要的是哪些照顧與幫忙，如同自己生病時需要關懷與幫助一樣。在當了傳令之後，我學會如何照顧別人，覺察生活周遭的細節。

當兵之前，我認爲自己是一個優秀的菩薩翻譯者，已經把做人的功課學習體驗得還不錯，但那是因爲我是生活在「菩薩的圈子」當中，我看見的人事物都是「好的一面」，忽略了生活周遭還有很多人，正因煩惱而受苦受困。

回顧自己在寫第一本書時，如果寫到感人的故事情節，我也會與個案共同流淚。然而經歷久了，人的心會麻痺，不願意去看見，慢慢的關了起來，最後只有菩薩的開導能讓我敞開心扉。直至我去當兵的這一年，得到很多心靈的啓發，開始知道感同身受的去體驗每一分鐘，批評自然會少一些，生活的快樂也會多一些。

走入更深的體驗

在菩薩「祝福之光」的療癒中，我感受到恩典降臨，感受到生活的每一分鐘都充斥著祝福的氛圍。但是當我被批評、被辱罵時，我很容易又回到「假借分析別人的心態，實際是在批評別人」的狀態當中。

菩薩在觀看我走入這個狀態時提醒我，要將「祝福之光」的力量收回，要我祈禱另外一道「內在洞見之光」，這一道光對我來說很重要，因爲滿口的身心靈理論，在這個當下，必須先慢慢的放下，因爲菩薩告訴我：

「眞正的洞見是內在心靈的領會，而不是言語的教導。」

當我感受這樣的力量時，又再度更貼近自己的生活了。此時，我也有了三個傳令學弟，政男、宣宇、建榮，這三個學弟各個年紀都比我還大，在他們身上，我學會了不少生命的功課。

政男是優秀的國立高材生，他讓我看到一個認真努力在每一刻的人，他話不多但是勤勞認眞。宣宇擁有很棒的醫學背景，內在滿是醫學理論，保持著一顆單純熱情的心。建榮，我總覺得他會是一個很棒的企業家，生活之中遇見的許多事物，他都有獨到的洞見，也有很棒的社交能力。

最有緣的是，我們都姓「陳」。

這三個人對我來說，是一個極深的影響，我將這三個人的故事寫進書內，我能夠清楚的感受到，他們內在的心靈之光。

學習從零開始

當我們成爲傳令之後，我們的房間就搬到了獨立的傳令室當中，我們四個人的生活綁在一起，建立了很棒的情誼，唯一不同的是我是他們的學長，所以許多當下，他們都會包容我，我如果是他們的學弟，應該事會被「電」得七葷八素，這是我能清楚看到的一件事。

每一晚的晚上就寢前，我會祈請菩薩用「祝福之光」傳給這房間的每一個人，可以有好的能量來面對每一天的挑戰。

雖然仍然遇到很多的問題，例如每一次招待外來賓客，需切出漂亮的水果及拉花的拿鐵咖啡，這些對我們來說，是一次又一次的挑戰。從賓客到訪，我們必須計算好時間，當他們到貴賓室之後，咖啡必須是熱的、奶泡沒有消失，水果沒有氧化，你的生活是否也有這樣的體驗呢？

面對種種狀態，我們沒有抱怨，一切都在行動中進行，無論遇到什麼問題，都是先面對、處理，等一切都完成之後，再來檢討與改變。

也因此，在軍隊生活中，我學會了凡事都要有一個「SOP」，你的生活與快樂都需要建立一套「SOP」。

在我們的巧妙分配下，我們發揮個人所長來分工合作。宣宇身爲醫護人員，他的雙手很巧，能切出很漂亮的水果；政男臨危不亂，總是保持著安定沉穩的臉；建榮會想出很多很棒的點子，讓事情達到最高的效率。當時我已經是大學長了，不用事必躬親，大多事情都交給三位學弟完成即可，我則是出去採買長官需要的東西。同時我也是一位學習者，我總是觀察著三位學弟的優點，與他們共同學習，每一個人都有他存在的力量，人人各司其職自然很有效率。

正當我們充分運用分工合作的模式，開心的在軍中生活著，退伍的日子就來了。說眞的，後來我反而有些懷念那些日子，這是一段很棒的經歷，讓我學會了與人協調，眞心的與每一個來到生命中的人相處。

心想事成蛻變關鍵：當你想要透過光能療癒的力量，去提升你自己的生活時，請你對自己的生活先有一個清楚的認知，請你記得面對所有的問題時，全心全意的投入問題當中，不斷的體驗每一個來到你生命的問題如何去解決。如同剛剛所提到的面對及處理這兩個SOP，這會使你完整的經歷問題，而讓你不被困在問題當中。接下來最後一步就是透過「祝福之光」及「內在洞見之光」來協助你使你圓滿；這裡所謂的圓滿，並不是事事如意，而是讓問題最後落幕時，會有一個最好的安排。

心想事成內在練習：（請將你的右手放在你的頭頂，左手放在你的心上，祈請伽藍菩薩協助你完成這一次的練習。）

「敬請伽藍菩薩為我導引＿＿＿＿＿之光，給我最大的支持與幫助，讓菩薩的力量及祝福充滿我靈魂本體及我所有的磁場氛圍，感謝所有的神聖力量，讓我在光中體驗愛與和平）。」

「祝福之光」：當你遇到問題時，需要貴人協助、機會幫助你時，請你誠心祈禱這一道光，它會給你很大的體驗，祂的顏色是金黃色，但在許多個案當中，依據所求，祂可能會幻化成其他顏色。當你可以體驗到金黃色的光時，你的心已經純淨了。

「內在洞見之光」：當你需要一份清晰的洞見，協助你穿越問題時，請你在心中祈禱這一道光，它會帶給你許多清醒的力量，或許奇蹟不在這一秒，當你確信奇蹟就在下一個轉彎處等你，它會是一道紫色的靈性之光，具有很大的啟發能量，帶給我們「心靈的洞見」。

五、陰陽八卦法則

「父親代表陽性的力量，母親代表陰性的力量，而你就是陰陽八卦的組合。」

在菩薩的認知當中，陰陽八卦的背後是一個宇宙運行的祕密，而這個祕密就是「愛與光」，這是所有一切的根源，因爲陰陽有所分別，但是愛與光即是陰陽八卦的本體。

聽起來很抽象，當我們可以走入這個階段時，就是淨化家庭關係的開始。

這一篇文章對我來說，是一個全新的開始，所有的靈性修行都要回到關係本身，而且必須要去面對你最不願意面對的關係，這才是「真實」修行的必經之路。

從我走入修行之後，我常常會忽略掉與父母的關係，甚至有很長一段時間，忘記與自己父母聯絡。到我書寫這本書到了尾端時，我決定將這一切回歸到我自己本身，開始面對自己父母的課題，我透過療癒的方式，讓我看到所有傷害的背後都是愛。

在我透過靜修打坐時，看見我與父母關係中，其實有很大一部分是來自於愛，很多時候我也會頂嘴，也會不耐煩，許多動作的背後，其實都是來自於自己內在不願意去面對「愛的課題」，這個問題深深的影響著我。

或許你到了五十歲依然有這方面的問題。這就是台灣人共同的大問題，需要一個更深的了解與明白，這一切的背後「都是關於愛」。當你深深明白，就能從關係之中得到完整的愛。

很多人跟自己的父母相處，大多都有類似的模式（排斥、頂嘴、不耐煩等等），這中間正因為少了一份感同身受。我們需要尊重父母親的出生環境與成長過程，並且感謝他們用最好的方式來對待你。

大家可能會不明白，打開電視，明明看到許多父母遺棄小孩，或是很多父母虐待自己的孩子，甚至你可能就是其中體驗到這樣父母的孩子。菩薩在這裡要告訴你們：「會對自己孩子做出傷害行為的父母，在他的過去，一定也承受過同樣或類似的傷害，你今天有機會讀到這段文字，就是你即將從傷痛中轉化的心靈巨人。」

我們無法選擇家庭，只能接納自己家庭的不完美，這是每一個人都需要經歷的，無論你的父母財富有多少，都無法完整你的童年人生。

「豐盛的人生，在於你去如何體驗它，而不在於你在人生當中獲得了多少財富。」

請大家記得，天下的父母都是用自己認為最好的方式去對待你們，但是他們也有著自己內在的課題，我們如果超越自己的情緒，去感受父母過去的人生經歷，這一切就會有出口與活路。

我很喜歡張世導演的一部電影，他在戲裡說到：「愛，是唯一的活路。」當你感受到在父母關係的背後是一份愛時，你即能從這一段關係裡完整的解脫與轉化。

陰陽八卦的心靈法則，是要讓我們從陰陽之中學習生命的課題，而你體驗到的第一個陰陽的組合，就是來自於你的父母與你。而當你感受到陰陽融合之後產生了一個完整的你，你就已成爲愛的本身了。

心想事成蛻變關鍵：你的父親帶給你事業能量上的支持，你的母親帶給你愛情關係之中的豐盛，當你完整的體驗過這一切時，你自然能夠完整自己的一切，你就是愛的本身，你需要在你的心中完整接納自己父母的一切，並且感謝他們給予你這個身體與一切的教導，當你從這當中完整了，周圍的一切關係也會有所改變。

心想事成內在練習：（請你將雙手放在你的心上，祈請伽藍菩薩協助你完成這一次的練習。）

「祈請具有神聖力量的父親，帶給我在事業上面豐盛的力量，與神聖力量的母親，帶給我在關係上豐盛的力量，我願意將一切生命的過程交給光，這一切的發生使我更加的完整，感謝一切的存在。」

在你祈禱的當下，你需要真心的感謝他們的存在與幫助，這才會是有效的，當你的心有一絲絲的抗拒，請你回到現實生活當中，去了解你的父母親成長的過程，與你的生命經驗是否有相同的感受，當你能真實的感同身受，自然會對這個練習有了全新的體驗。

六、靈魂覺醒法則

「覺醒，使你看見由內而外的所有過程，進入到純粹的體會。」

在我們的生活當中，你會遇見許許多多的問題，而需要靈魂覺醒的關鍵，就是你自己的內在想要提升自己的生活品質，周遭的關係希望得到改變與轉化。

「靈魂覺醒」的狀態，並不會解決你任何的問題，祂帶給你的是一份對生命的清澈認知。而使這一切轉化的關鍵在於「看見問題的本質」、「願意承認自己是問題的創造者」，以及「體驗光的奇蹟」。

我們邀請你透過三個法則，體驗覺醒的狀態。

看見問題的本質

印度的聖者曾經說過：「所有的問題都來自於我們本身。」

這一切的問題都是來自「自我」本身的固執，我們總想都是別人的錯，那麼自己就是最大的受害者，人們怪罪自己的父母，認爲他們不夠完美，造成有缺陷的自己。

我知道許多人都有這樣的思考習慣，認爲我們必須當一個「懂得轉念」的人，在事情發生後，別人對我們造成傷害時，要轉念。但是親愛的你，我們應該要思考的是，爲什麼別人做的事情會對我們產生傷害？或許你會說：「他在針對我。」讓我們更細微的去看，爲什麼我們會被「針對了」？

在我的案例當中，曾深入去看每一位來到我面前的個案，發現往往遇到這類問題的人，在他的內心深處，都有一個這樣的自己，想要透過「被針對」來看見自我存在的力量與價值，你不相信眞的有這樣的人嗎？

這樣的思考邏輯不是很自虐嗎？我必須說，是的。

許多精彩人生的背後，都藏著一個「需要被證明的自己」，所以內在會創造出無比的挫折來到我們面前，讓我們一一突破，最後你會在大家面前說：「我能成爲現在的自己，都是因爲經歷了這一切之後，得到無上的心靈力量，與外在的成功。」

其實你自始至終都是一個有力量的人，只是你「覺察」到了嗎？

如果你已經覺察到了，你自然在當下，成爲「豐盛即力量」的本身，當你的心還在猶豫時，那麼上天會繼續給你考驗。因爲許多人都是從外在去體驗內在豐盛的。

或許你會認為，只要你的父母是和樂的，兄弟姊妹是友好的，有一個愛你的伴侶，組織一個幸福的家庭、身邊一切的人都是美好的，你就是豐盛的。我必須說，那是你的頭腦給你的假象，當你外在一切都是美好的，你的內在還是不快樂，你就看不到豐盛。

舉個例子來說：「當你一大早看見外面下著滂沱大雨，你心想著你會溼答答的到公司，一路上會遇見無止盡的塞車，到了公司之後還要面對工作的壓力，一想到這裡，你的心情就已經掉到谷底了。」

你會看見一個問題，你的心情決定了所有的關鍵。或許在這件事情背後，你的公司體制很好，薪水給的很優渥，公司環境很棒，但是你在那一刻，對於要去上班這件事，讓你感到很頭痛，但是你想想，如果都不下雨，水庫沒有水，政府要實施限水，你連洗個熱水澡都是困難的。

我舉這個例子是要讓大家看見，當你清楚的認知到，所有的問題都來自於我們對他的想法及觀點時，你自然會停止怪罪所有的一切，因為問題始終來自於我們自身，而不在於別人。

當你覺察到自己的每一個情緒，並且承認自己的情緒不是因爲任何事情所引起，完全就是因爲你對他人的觀點時，你自然會有所成長與改變。

我曾在一場大雨時，因爲坐在公車上而感到幸福（因爲我覺得在外面淋雨的人都在受苦）。但是當我看見窗外一對男女騎著機車沒穿雨衣，抱得緊緊的，並且開心的笑著，此時深刻體會到，「外在的一切變化沒那麼重要，當你全心去體驗外在環境時，你自然會得到快樂。」

願意承認自己是問題的創造者

我曾經聽過一位靈性導師Amira說過：「當你在意識中解決你內在的問題，你的外在就不會有太多受苦的體驗。」

有幾位很棒的企業家來到我面前，詢問菩薩爲何他這一生經歷了那麼多的風浪，菩薩回答他：「你的心靈需要經歷大風大浪，來證明你有睿智的頭腦及絕佳的應變能力，使你成爲一位優秀的女企業家。這是你的靈魂吸引來的一切，因爲你的靈魂來到世界上，就是需要經歷許多人世的磨練，來證明自己的偉大與強大。」

當我說完這段話，他的心釋然了，我引導他進入更深的靜心去回想自己的過去，他看見自己在夜深人靜時總會問自己：「我怎麼會這麼厲害，可以穿越這麼多困難，這一路走來眞的好不簡單。」

但同時他也會想，自己到底有多少「能耐」，可以經歷這些困難。

當他感受到這一切時，我告訴他：「你的問題都是你吸引而來的，雖然有很多的問題與痛苦，但是你絕對都可以穿越，就在你停止怪罪任何人的那一刻起，爲自己所有發生的問題，負起全部的責任。」

當他開始「體驗自己靈魂的過程時」，事業上的問題變得少了，因爲他知道這一切都是要證明自己是豐盛而有力量的，他在當下明白自己就是「豐盛」本身時，即從困境中解脫。

體驗光的奇蹟

心想事成蛻變關鍵：當你看見生命的每一個面向所帶給你的考驗，你都將困難視為恩典菩薩時，你已經漸漸從「受苦」及「無意識」的狀態中，慢慢的甦醒過來，體會到「生命就是無盡的體驗」。那些使你不開心的一切，就是你自己的狀態，無關乎他人。尊重一個人用自己的方式體驗自己的生命，如果有緣我們可以協助他，如果無緣也只能靜靜觀看給予祝福。

心想事成內在練習：（請你靜靜的盤坐，祈請伽藍菩薩協助你完成這一次的練習。）

這是一個實現願望的好機會，請你在此祈請伽藍菩薩成為你的見證人，當你在此時已經完成了所有的心念法則，祈請菩薩由頭頂給予你一道光，觀想一道金色的光，如同佛陀的光一樣明亮照耀你的全身。

「當我能體驗眾生之苦，慈悲即從心起，感謝諸佛菩薩、我敬愛的父母、與一切的家人、與我結識的有緣眾生，慈悲心起，感念眾生。」

備注：所有的練習完成了，你會進入到一個寧靜安定的狀態，而持續深入的練習，即可讓自己的靈魂狀態覺醒速度變得更加快速。

〈結語〉你就是一切的答案

和平與慈悲

一本書的誕生，始於一個作者對於這本書的願景，而寫這本書更是貼近於伽藍菩薩的願力，我是菩薩的譯者，在這些年翻譯的過程當中，透過個人的靜修來精進於翻譯訊息的能力。

在第一本書裡（《神譯者——聆聽菩薩的弦音》），菩薩給予的是直接的話語，對於愛與珍惜的眞實點滴，第二本書，是一本生命課題與靈魂覺醒的途徑之書，這本書花了整整兩年時間，反覆修改撰寫而成，到了第三本，菩薩將願景放逐至全球的所有生命，保持恆久而眞實的快樂，會得到生命眞正的和平與慈悲，地球是慈悲力量的化身，我們能夠生長在這個環境，是讓我們體驗美的眞理。

人們因爲意識型態的提升，科技文明發達，漸漸的分別心越來越強烈，我們不只分出你我他，更用皮膚顏色、語言、種族、地區、國家、城鄉等等來區別彼此，當人們試著努力分出更多的類別，世界就會產生更多的比較分別之心。

歧視一旦產生了，我們便開始漸漸走向一個越來越不快樂的境界。

但「愛」呢？

穿越一切幻象的過程，就是人們的必經之路，我們需要認出和平與慈悲是存在於這個星球。我們所要學習的眞正課題，是讓我們透過不斷深入生命的過程，明白所有一切的發生，都是爲了要認出愛與慈悲就在我們心中。

「愛」似乎是個抽象的概念，我們不知它從何開始、從何結束。其實「愛」是一個世紀接著一個世紀的生命課題，「認出愛」是我們第一步要學習的，你我必須從許多幻象中，清楚的醒過來。

當你把你的心靈之眼打開，一切幻象就會漸漸明朗。

你就是一切的答案

這本書帶來的是眞實的生命剖析，當你踏上生命的道路與人如實分享，你的人生將會不一樣。這一路上我遇見太多老師，自動出現在我面前的、我個人慕名前去拜訪求教的……我想遇到、該遇到、不該遇到的，我統統都遇到了。如果你不想走人生的冤枉路，這本書將會讓你看見靈性開悟的眞正實相，我已在此與你們如實的分享。

在我高中一年級開始走靈性道路時，我很清楚明白無論如何我都要覺醒與開悟，在我身旁的人會訝異於爲什麼我不斷的在追求與尋找，而菩薩也只是靜靜的看著我，這個決心是無論如何，即便我什麼都沒有，我仍然會不斷的走下去。

每一個人的靈魂來到這個世界上，都有自己最想要體驗的關鍵事物，有的人是婚姻、愛情，有的人是事業，有的人是人際關係，而我就是「靈性道路的開悟」，我深入的走著與體驗著，這個世紀也有很多人走在這條道路上，這一本書，就是打開所有人想要問的問題，並且用菩薩及我體驗到的靈性道路的觀點，與大家全然的分享。

你已經不需要汲汲營營的成爲某一個狀態，當你眞正用心讀完它，你就會是一切的狀態及答案。

菩薩給予眾生的恩典是源源不盡的，只要你願意努力，你就會成爲慈悲與愛的本身。

這本書送給這一路上對我扶持過的每個人，還有陪伴著我的每一位朋友，你們的存在對我來說是最珍貴的禮物，我會帶這這份祝福一直走下去。

你就是一切的答案

菩薩送給人間的生命之書

作　　者：郁文

總 編 輯：李菁菁
企劃顧問：陳錦慧
責任編輯：宋玉嫻
編輯助理：陳錦湄
校對協力：陳慧觀
封面設計：陳其煇
封面題字：陳錦慧
內頁編排：菩薩蠻電腦科技有限公司

發 行 人：李菁菁
出 版 者：藍鯨出海國際文化有限公司
地　　址：臺北市中山區中山北路二段52號11樓之一
電　　話：02-2563-5071
傳　　真：02-2563-5081
電子信箱：bluewhale1027@gmail.com
初版一刷：2015年12月
定　　價：新台幣320元
I S B N：978-986-92501-0-8

印刷承製：博創印藝文化事業有限公司
地　　址：235新北市中和區中山路三段110號9樓之3
電　　話：02-8221-5966
傳　　真：02-8221-5968

總經銷商：易可數位行銷股份有限公司
地　　址：231新北市新店區寶橋路236巷6弄3號5樓
電　　話：02-8911-0825
傳　　真：02-8911-0801

你就是一切的答案：菩薩送給人間的生命之書 / 郁文作. — 初版.
— 臺北市：藍鯨出海國際文化, 2015.12　面；　公分
ISBN 978-986-92501-0-8(平裝)　　1.靈修　2.通靈術
192.1　　　　　　　　　　　　　104024971